MATIÈRE, FORCE ET ESPRIT

OU

Evidence scientifique d'une Intelligence Suprême

PAR

H.-M. LAZELLE

Colonel de l'armée des Etats-Unis d'Amérique.

Traduit de l'anglais

PAR

O. MOUTONNIER

Ancien Professeur de l'Ecole des Hautes Etudes commerciales de Paris.
Membre de l'Institut psychologique International.

> « *La Science !... Elle, seule alliance, qui
> par le Fait divin élève peu à peu l'homme
> humble pour le faire un esprit avec Dieu !* »
>
> (De Strada).

PARIS

LIBRAIRIE DES SCIENCES PSYCHOLOGIQUES

42, RUE SAINT-JACQUES, 42

—

1902

MATIÈRE, FORCE ET ESPRIT

OU

Évidence scientifique d'une Intelligence Suprême

MATIÈRE, FORCE ET ESPRIT

OU

Evidence scientifique d'une Intelligence Suprême

PAR

H.-M. LAZELLE

Colonel de l'armée des Etats-Unis d'Amérique.

Traduit de l'anglais

PAR

O. MOUTONNIER

Ancien Professeur de l'Ecole des Hautes Etudes commerciales de Paris.
Membre de l'Institut psychologique International.

« La Science !... Elle, seule alliance, qui
par le Fait divin élève peu à peu l'homme
humble pour le faire un esprit avec Dieu ! »

(DE STRADA).

PARIS

LIBRAIRIE DES SCIENCES PSYCHOLOGIQUES

42, RUE SAINT-JACQUES, 42

—

1902

Au lecteur,

Libres penseurs, matérialistes, philosophes et savants, incrédules et sceptiques, et vous tous, hommes de désir et de bonne volonté qui êtes avides de vérité et qui cherchez la lumière, c'est pour vous que ces pages ont été écrites, c'est à vous que ce volume est dédié.

Ne le dédaignez point, sous prétexte que l'auteur vous est inconnu; mais, lisez-le attentivement, car c'est l'œuvre d'un esprit éclairé, d'un savant. Frappé au coin de la logique et du bon sens, il met à néant les théories fallacieuses du matérialisme et déchirant le voile du doute, il révèle à l'observateur consciencieux et sincère de nouveaux et plus vastes horizons et démontre d'une manière irréfutable, par la science et la raison, la nécessité de l'existence d'un principe intelligent qui a édifié, qui anime et qui dirige l'œuvre sublime et grandiose de la création, d'après des lois fixes et immuables établies de toute éternité.

Peut-être parmi vous quelques-uns, lassés des incertitudes qui les poursuivent et les torturent,

perdus dans les sentiers ténébreux du scepti-
cisme, y trouveront-ils leur chemin de Damas
qu'ils ont vainement cherché jusqu'alors.

C'est la seule récompense qu'ambitionne pour
sa peine

LE TRADUCTEUR.

Nice (A.-M.), le 25 Février 1902.

ESQUISSE BIOGRAPHIQUE :

L'auteur de ce livre, le Colonel H.-M. Lazelle, est d'origine française. Ses ancêtres quittèrent la France, en 1650, pour aller s'établir au Canada.

Il fit ses études à l'Ecole Militaire Nationale de « West Point » (1), et en sortit, en 1855, en qualité de Sous-Lieutenant, après avoir subi ses examens avec distinction.

A cette époque, le pays était continuellement bouleversé par des guerres avec les Indiens et le jeune officier prit d'emblée les armes pour la défense de sa patrie.

Ce fut dans une de ces rencontres désespérées qu'il fut blessé grièvement par une balle qui traversa un de ses poumons et mit sa vie en danger.

Lorsqu'en 1861 éclata la guerre civile aux Etats-Unis, il s'enrôla dans l'armée du Nord, y

---

1. L'institution de West Point est une école militaire du Gouvernement. Elle fut établie en 1802 et fut la pépinière des généraux les plus illustres, *Lee*, *Grant*, *Sherman* et *Sheridan* et d'autres qui ont servi dans la guerre civile des Etats-Unis d'Amérique.

servit pendant toute la durée, c'est-à-dire jusqu'en 1865, et passa successivement au choix,
par tous les grades, jusqu'à celui de Commandant de Brigade.

En 1879, il fut nommé Commandant des Cadets
à l'Ecole militaire et fut désigné ultérieurement,
en 1885, par son gouvernement, pour le poste de
représentant militaire aux Indes. Il fut chargé,
en outre, d'établir le relevé officiel des annales
de la guerre civile et reçut pour ce travail une
médaille d'or.

Le Colonel Lazelle ne fut pas seulement un
soldat vaillant et distingué, mais il est encore
un érudit qui s'est acquis, par ses écrits, une
réputation justement méritée, parmi les hommes
de science de son pays. Il est l'auteur d'un grand
nombre de monographies et d'un ouvrage inti-
tulé « Une loi dans la nature » qui fut accueilli
avec les plus grands éloges.

TABLE DES MATIÈRES.

CHAPITRE Iᵉʳ

Introduction 15

Toutes nos connaissances sont relatives. — Restriction des idées de force et de matière. — Influence croissante de la Religion et de la Science. — Elles ne sont sous aucun rapport antagonistes : L'esprit de science trop agressif. — La conservation de l'énergie. — Loi unique pour tous les phénomènes physiques. — Limite des recherches.

CHAPITRE II

Matière 24

Idée de la matière. — Divisibilité. — Forme des unités dernières. — Différence de grandeur. — Identité de toute matière. — Appartient à tout l'Espace. — La matière est-elle composée d'éléments différents, intrinsèquement différents ? Hypothèse de Nébuleuse. — Ses déductions. — Evidence d'un Esprit Suprême.

Chapitre III

Force. 59

Conception de la force. — Mouvement, l'état
nécessaire de toute matière. — Loi de gravitation. — Universelle. — Transmission indépendante d'un médium. — Force primitive. — Sa
place ; discussion. — Action répulsive. — Atomes multiples. — Matière élémentale. — Force
primitive et innée, définie et quantitative.

Chapitre IV

Forces des propriétés physiques de la matière.   92

Mouvement de chaleur et de lumière. — Échange
respectif. — Manifestation des phénomènes
électriques. — Mode de mouvement. — Dérive
d'une force primitive unique. — Comment il
se produit. — Échange mutuel de toutes les
forces physiques de la matière. — Nature probable du magnétisme et de l'électricité. —
Comment ils diffèrent. — Direction de transmission de leurs énergies.

Chapitre V

Energie chimique et phénomènes physiques de la force vitale 118
L'action chimique est une attraction différentielle.
— Aucunes différences des forces inhérentes des éléments. — Différences apparentes expliquées. — Electricité courante. — L'action chimique donne la liberté à de l'énergie. — Force vitale impossible excepté sous des conditions de grande hétérogénéité de matière. — Les phénomènes caractéristiques. — L'action chimique la rend possible. — Action opposée d'énergie vitale et d'énergie chimique. — Conceptions théologiques. — Ce que nous constatons dans la force de vie. — Canaux de son énergie. — Sa nature.

Chapitre VI

Evidence tirée du monde de la matière et de la force d'un esprit universel. 145
Les méthodes de la nature, celles de simplicité. — Concours d'opinions. — Force de vie et son origine. — Des lois de l'attraction. — De la conservation de l'énergie. — Variété des éléments. — Nature de la force attractive. — Ressemblance avec la force spirituelle. — Pré-

somptions du matérialisme. — Cognition, conscience de soi-même, et raison. — Limites d'entendement. — Habitudes, instinct, hérédité. — Substance et esprit. — Force de vie et conditions de vie. — Progrès.

Chapitre VII

Evidence de l'esprit dans les phénomènes psychiques 179
Transmission de la pensée. — Somnambulisme, Hypnotisme, etc. — Communion de pensées et ondes de pensées. — Rapports réciproques des esprits. — Côté spirituel d'une force inhérente. — Responsabilité individuelle. — Sympathie envers les animaux. — Corollaires de ce qui précède. — Sommaire concernant la qualité spirituelle de la force de vie.

Chapitre VIII

Religion de science, religion de Dieu. . . . 194
Idée d'un Esprit Suprême : conception double. — Pensée religieuse et son évolution. — Vraie religion et vraie science. — Les résultats unissent au lieu de diviser. — Religion commune à tous les hommes. — Des grandes religions de la terre. — Evolution des grands chefs religieux. — Phénomènes spiritualistes, psychiques. — Devoir de la science d'investiguer et de faire naître la vérité.

PRÉFACE.

A toutes les époques de l'histoire de l'humanité, depuis l'apparition de l'homme primitif sur la terre jusqu'à nos jours, l'existence d'un Être Suprême a été l'objet des préoccupations et des recherches des savants et des philosophes.

Marchant péniblement à tâtons, à travers des obstacles sans nombre, ils ont remonté des phénomènes à leurs causes et des lois à leur origine.

Le climat, les conditions, le milieu et les avantages ou le mal qui en est résulté, ont donné naissance aux premières superstitions de l'homme. Revêtant les auteurs surnaturels, fictifs qui impressionnaient son esprit, d'attributs bons ou mauvais, suivant le cas, il créa les dieux à sa propre image.

La diffusion des connaissances est venue, par intervalles, modifier, il est vrai, la religion et les notions de Dieu; mais, ce n'est qu'à mesure que le progrès intellectuel a percé les ténèbres de l'ignorance que la vérité s'est fait jour dans l'esprit humain et lui a fait comprendre que l'étude éclairée des lois de la nature et de sa propre existence dans leurs

rapports variés et divers pouvait seule le conduire à une conception plus juste d'une Intelligence Suprême.

Il en est sans doute qui demanderont: « De
quel bien peut être à l'homme la croyance en
Dieu? » A cela on peut répondre que la reconnaissance d'un Etre parfait en sagesse, en bonté, en amour, en sollicitude éveille et développe
en nos cœurs des sentiments semblables et
nous encourage dans nos efforts vers le bien.

Les pensées et les desseins nuisibles sont
réprimés; l'idéal s'agrandit et l'existence s'ouvre à nos yeux dans toute sa splendeur et dans
toute sa vérité. Plus notre esprit devient éclairé
par les lumières de la science et plus nous sommes capables de comprendre les grands principes de la vie, des destinées et de l'âme, et des
rapports qui unissent l'homme et tous les êtres
vivants à l'esprit suprême; et de même que
nous reconnaissons la paternité divine, de même
nous concevons la fraternité universelle des
hommes.

Nous avons une foi plus vive et des pensées
plus charitables pour notre prochain; et nous
trouvons pour nous-mêmes, dans la pratique de
la vertu et de la justice, un appui sûr et solide
qui nous aide à étendre nos aspirations au-delà
de notre état actuel et nous fait gagner une
confiance constante et immuable dans une vie
future.

MATIÈRE, FORCE ET ESPRIT.

CHAPITRE I

Introduction.

Avant d'admettre, ainsi que le prétendent les matérialistes, que « l'esprit de l'homme est potentiel dans le soleil » (1), il est avant tout essentiel de savoir si l'on comprend ce qu'on entend par matière et force et si l'on a pénétré à fond dans tout ce que l'expérience et l'analyse nous enseignent à ce sujet.

Le temps, l'espace, la matière, le mouvement et la force, dans leur acception la plus vaste, sont éternels. Le contraire ne se peut concevoir; on ne peut pas plus en admettre la création que la destruction. S'ils existent *de nécessité*,

1. Prof. Tyndall, physicien anglais.

c'est qu'ils ont existé de tout temps. Et quiconque affirme que la *création* de la matièr. est l'œuvre d'une Intelligence Suprême préexistante, affirme que durant une éternité de temps la matière n'existait pas ; et qu'à une certaine époque il a plu à la Suprême Sagesse de changer ses lois ; hypothèse qui manque de consistance.

La matière est le moule à l'aide duquel se fait l'éducation de l'homme ; c'est la base de son action physique et de ses conceptions ; et son intellect tout entier repose sur elle. C'est d'elle que dérivent ses notions de l'esprit, et une partie de son développement spirituel est une manifestation produite par la matière.

Le savoir commence avec l'inconnu et finit avec l'impénétrable. Toutes les connaissances acquises par l'homme sont comprises dans des bornes étroites ; entre un temps écoulé et un futur peu distant. En deçà et au-delà de ces limites, il y a une éternité dont il ne sait rien.

Bien que l'imagination et la spéculation soient libres de tout frein et puissent se donner libre carrière, la science positive est renfermée dans ces barrières infranchissables ; c'est-à-dire une étendue relative de temps et une étendue relative d'espace. Toute science, toute pensée est relative. La plus haute portée de l'intelligence humaine, c'est l'aveu de son ignorance. Tout ce que nous savons, ce sont les formes et les lois des phénomènes ; mais nous ne savons absolument rien de la nature première des choses.

L'expérience nous pénètre de l'idée que les points collectifs de résistance auxquels nous donnons le nom de matière, sont doués de force inhérente. Groupés dans un milieu sous des conditions particulières, ils se meuvent comme s'ils subissaient l'influence d'une force dirigeante appelée vie, et il en résulte des formes animées ou inanimées et même de l'intelligence.

Mais quel est celui qui peut affirmer que, au lieu d'un univers matériel composé d'unités dernières de la matière, solides, pondérables, indivisibles et imperceptibles, ce monde n'est pas un monde spirituel, avec ce qu'on nomme la matière pour atteindre un but? Une manifestation matérielle de l'esprit? — « L'esprit et la matière unis par un lien mystique et s'équilibrant ». Bien entendu, nous n'acceptons pas cette hypothèse comme étant la plus probable, mais il est toujours possible d'étendre le réel dans la sphère apparente de la matérialité. Car, quoique le vrai savoir enlève à l'homme la confiance en soi-même, il n'est pas croyable pourtant, qu'au point où il est arrivé, le monde soit plus sceptique et qu'à mesure qu'on étend les lumières de l'intelligence, il y ait augmentation d'athéisme. L'investigation a dissipé l'illusion. L'expérience a établi des lois. Les découvertes ont anéanti la superstition. La science a rendu la voie qui conduit à Dieu, plus claire, plus unie

et plus attrayante au lieu de l'avoir obscurcie.
Le voile épais de l'ignorance qui couvrait le
passé de son aspect sombre et de ses mystères est
tombé, et l'éclatante lumière de la vérité pro-
jette ses rayons vivifiants de toutes parts. Au
lieu de plusieurs dieux, le genre humain ne
reconnaît plus qu'un Dieu; au lieu d'esprits
appartenant à tous les degrés, on lui a prouvé
qu'il n'existait qu'un seul Esprit pénétrant tout:
Celui qui dirige et gouverne la nature. Le progrès de la science n'a pas seulement favorisé le
côté matériel, car en donnant des vues plus
directes et plus simples aux phénomènes naturels, il a fait ressortir sans cesse l'existence
d'un Esprit universel.

La religion, envisagée sous son acception la
plus large, n'a rien à redouter de la science; au
contraire, elle devrait accueillir avec joie toute
découverte scientifique, toute vérité démontrée,
non seulement comme un avancement vers
l'unité et la simplicité de la loi fondamentale,
ainsi que vers l'affranchissement des prétentions
aveugles du scepticisme, quant aux possibilités
mystérieuses des forces de la nature pendant
des siècles, mais encore comme un moyen pour
nous conduire vers des vues plus élevées de
l'univers matériel. Il y a des hommes prêts à
affirmer que la matière est douée d'une grande
variété de forces physiques inhérentes, suffisant
amplement pour expliquer la vie des plantes, des

animaux et des hommes; que la vie est potentielle dans le soleil et qu'elle peut être engendrée dans le laboratoire du chimiste. Comme ils
ont reconnu qu'il existe des équivalents d'énergie dans l'action de la pensée du cerveau et des
analogies avec les polarités de la force dans la
vie des nerfs, ils sont tout prêts à abandonner
leurs croyances et à déclarer que les possibilités
des forces mystérieuses de la nature sont tout à
fait suffisantes, quoique trop illusoires, pour
être comprises. Pendant longtemps, il a été
admis comme point de doctrine, que chacune
des propriétés connues sous le nom de lumière,
chaleur, électricité, magnétisme et affinité chimique était due à la présence d'une force particulière inhérente dans les unités dernières de la
matière dont la nature correspondait à la manifestation particulière, au mode de mouvement
produit par chaque forme de phénomène. Aussi
longtemps donc qu'on prétendait que la matière
était douée d'une semblable multiplicité de
propriétés inhérentes, quoique distinctes, on lui
attribuait tacitement un pouvoir presque illimité.
Il n'y a pas lieu de s'étonner alors qu'en présence de semblables concessions faites au mystérieux, l'imagination ne domine, ni que le
merveilleux ne se substitue à la raison. Il résulta
de ces assertions, un renoncement de l'idée
fondamentale en faveur d'une crédulité sans bornes, ou de prétentions arrogantes, et on en vint

à déclarer que la matière seule suffit amplement à la production de la vie, et que l'homme
n'a pas besoin de chercher plus loin pour
trouver un Dieu. Plus tôt donc de telles opinions seront dépouillées de leur sens mystérieux
et plus ce sera avantageux pour l'esprit scientifique et religieux de notre siècle. La vérité alors
apparaîtra dans toute sa lumière, et l'on verra
que, quoique l'énergie de la matière suffise pour
l'agrégation des formes terrestres, et pour la
préparation des conditions favorables à la vie,
elle est absolument impuissante pour produire
la vie; et que la matière n'est qu'une enveloppe
sous laquelle la vie universelle est cachée. L'esprit du savant patient qui cherche et respecte la
vérité, ne se contente pas de ces déclarations
présomptueuses. Les découvertes ont suivi des
découvertes jusque dans leurs limites extrêmes.
La lumière et la chaleur ont été enlevées au
domaine des entités, et sont aujourd'hui de
même que le son, regardées comme des modes
de mouvement.

L'action chimique est totalement affranchie
du terme mystique de « l'affinité chimique » ;
on a constaté son énergie polaire et démontré
que ses changements ont lieu entre les éléments
électro-positifs et électro-négatifs. On ne regarde
plus les forces magnétiques et électriques comme
des fluides, des formes mystérieuses de matière ;
des accumulations excentriques dans l'espace,

de puissances et de capacités merveilleuses ;
mais simplement comme des conditions vibratoires de substance ou des modes de son mouvement, appartenant à toute matière et se manifestant plus dans certains éléments que dans
d'autres ; dans certains d'entre eux, elles agissent davantage sur les surfaces ; dans d'autres,
sur la masse totale des corps. Ses échanges
respectifs sont des ondes de mouvement produites par des intensités plus fortes, ou par un
plus grand volume d'énergies dégagées d'une
partie du corps ou de la surface que sur celles
de l'autre partie. De temps à autre, une lueur
de raison venue de la science a suggéré l'idée
de l'existence d'une seule énergie primitive rési-
dant dans toutes les œuvres de la nature ; mais
la lumière n'a pu se faire jour que lorsque la
vérité de la conservation de l'énergie ou la persistance de la force a été établie ; il en est
résulté, dès lors, que les différents phénomènes
de lumière, de chaleur, d'électricité, de magnétisme, de son, de force chimique, etc., ont pu
se produire par la transmission d'une force
équivalente de l'une de ces formes à l'autre.
Naturellement, sous ce point de vue, les phénomènes deviennent de simples rapports de succession.

Il n'existe pas dans la nature de vérité plus
fondamentale que celle de la persistance de la
force ; là où la force semble s'être évanouie,

elle a simplement changé de forme. Jadis l'annihilation ou la création soudaine de la force,
sans cause apparente, était considérée comme
étant parfaitement naturelle, et pas plus étrange
que la chute des corps pesants ; bien qu'il ne
semble jamais être venu à l'esprit de personne
avant Newton, de chercher pourquoi les corps
étaient lourds. On ne peut attacher trop d'importance à une *loi qui rapporte tous les phénomènes physiques à une origine commune.* Au-
delà de l'unité scientifique approximative, se
trouvent l'homogénéité de doctrine et l'unité
de méthode philosophique. Dans l'unité des
croyances, est le principe de l'harmonie ; l'utile
et la perfection de l'équité en découlent et la
bienveillance universelle y prend son origine.

La vérité étant ainsi unie par l'impulsion et
la concorde, un vaste champ s'ouvre à l'étude
des connaissances abstraites, dans leurs plus
larges conceptions. S'attacher à les poursuivre,
est le plus noble devoir de l'homme. Elles seules
l'éclairent dans ses rapports avec ceux de son
espèce et avec la nature, et le rendent apte à
s'y tenir au premier rang. Il est impossible
d'isoler complètement l'esprit de recherches de
son aspect métaphysique, car la démonstration
réelle ne peut en être faite. On ne connaît la
matière que par le mouvement, et la force que
par la matière ; et il restera toujours une possibilité au-delà de la probabilité réelle et utile. Mais

la foi ou l'espoir d'une vie future peut-elle prétendre à autre chose ? Si l'esprit n'est pas la
source et l'énergie de toutes choses, le principe
d'évolution de toute vie en ce que nous appelons
la matière, alors la matière dense, impuissante
et inerte, douée également d'une force impuissante, — est l'âme et la source de tout. La vie
n'est plus alors qu'une satire hideuse, grotes-
que, où l'effort et le savoir sont couverts de
ridicule, — sans objet et sans but ; et la nature,
rien moins qu'une vaste machine de destruction, aveugle, désordonnée et ignorante, opérant
dans un univers sans dessein et sans intelligence.

Je me propose d'examiner brièvement les connaissances qui résultent des recherches et de
l'expérience, connues sous le nom de science ;
de voir jusqu'à quel point, si toutefois cela est
vrai, elles sont en antagonisme avec l'esprit ; de
pénétrer en outre dans le domaine du scepticisme afin d'obtenir une conception spirituelle
meilleure. Il nous sera possible alors de déterminer si ces connaissances nous mènent à un
idéal plus bas ou plus élevé; si elles nous rapprochent ou nous éloignent d'un Esprit universel et suprême.

CHAPITRE II

De la Matière.

Notre intention est de traiter les questions de matière et de force, d'un point de vue purement physique, en examinant la force d'après la compréhension mécanique que nous en avons, comme une énergie de quantité ; et dépouillant la matière de ses mystérieuses entités prétendues, et autant qu'il est possible la mettant à nu par l'analyse, afin que ses possibilités et les forces créatrices qu'on lui attribue, puissent être appréciées à leur juste valeur. Conséquemment, nous affirmons que la matière est une réalité, et non un assemblage de points immatériels de résistance, et que si ses composés sont réels, ses unités constituantes doivent l'être aussi. Une vieille question encore contestée de nos jours par certains hommes de science, est celle de la divisibilité illimitée de l'unité ; et cette opinion a acquis des proportions factices telles qu'elle a fait croire à l'impossibilité d'une pareille opération.

Il n'est d'aucune importance de pouvoir étendre la division des unités dernières de la matière, d'une manière abstraite ; il y a une immense différence entre l'idée de division successive, prolongée indéfiniment, et la limite réelle de la divisibilité. La vraie question est de déterminer si les faits de la nature indiquent une limite à la divisibilité. Quoique là ne se bornent peut-être pas nos notions, pourtant, c'est la limite du but de nos investigations, car c'est la limite de l'œuvre de la loi durant une période de temps quelconque. Cette action, selon toute conjecture, a été perpétuelle et nous sommes parvenus à pouvoir en déduire une conséquence finale. Dire que la matière est tout ce qui est visible et tangible, c'est en donner une définition incomplète. Dire que c'est la substance dont toutes choses sont formées, c'est dire que la matière est de la matière. La seule vraie notion que nous puissions en avoir, est celle de sa nature infinitésimale. Dès l'instant que nous admettons que la matière est réelle et distincte de la force, nous admettons que ses unités dernières occupent dans l'espace les trois dimensions de longueur, de largeur et d'épaisseur et qu'elles sont incompressibles; autrement elles ne seraient pas dernières, car, tout ce qui est compressible est formé de parties, et la compressibilité est la propriété des corps de pouvoir être réduits de volume. Par conséquent, la notion la plus vraie que notre esprit se soit formée de la matière, est celle d'unités dernières de substance, possédant les trois dimensions, sans parties constituantes, et totalement incompressibles, impénétrables, opaques, sans couleur, pondérables et d'une dureté absolue ; une unité homogène qui n'est ni brisée par la force d'impact, ni divisée par la friction ou d'autres influences. L'idée de la composition de la matière d'unités dernières, indivisibles, doit son origine à la science. Ce fut d'abord une notion vague, métaphysique qui prit naissance avec Leucippe, mais qui sous la main audacieuse de Dalton devint une réalité brillante et fertile.

Les déductions de l'analyse et de la synthèse chimiques prouvent la divisibilité pratique de la matière. La balance du chimiste a détruit également la croyance, si longtemps entretenue, de la destructibilité de la matière. Or, la conception de sa diminution ou de son élimination de l'existence est aussi inadmissible que celle de son augmentation ou de sa création de rien. Et comme chacune de ses unités dernières est la matrice d'une énergie inhérente, et que chacune représente, en outre, par son mouvement qui ne finit jamais, une force mécanique, l'idée de la création ou de l'annihilation de la matière fait disparaître aussitôt toute idée des lois de la force. Il faut donc admettre alors que la quantité de matière et par conséquent d'énergie inhérente dans l'univers est toujours la même.

La forme des unités dernières de matière,

quoique invariable, n'est pas réellement déterminée, car les recherches n'ont pu, pour des
raisons évidentes, en donner la preuve. La force
inhérente de chaque unité tendant à l'uniformité
de distribution, et se concentrant en elle-même,
produirait en admettant la mobilité, une sphère.
Mais, ces unités étant absolument fixes, et incompressibles, une forme résultante quelconque
produite par une force quelconque, ne peut se
concevoir. Cela est vrai pour toutes les conjectures qu'on pourrait faire de leur forme comme
résultant d'une force de compression. Et pourtant la question n'a pas été entièrement écartée
du domaine de la raison. Le cours de la nature
est, dans toutes ses manifestations, d'une uniforme simplicité et toutes les expériences ont
irrésistiblement façonné les idées à la croyance
d'une seule méthode compréhensive.

Dans les divisions infinitésimales de la matière, avant que les échanges polaires ou
d'autres causes aient amené un arrangement secondaire d'unités, la forme représen-
tative obtenue est la sphère. En semi-flui-
dité, où l'action vibratoire est prédominante
sur l'attraction, il y a dans les petites agrégations de matière une résultante sphérique. Et
ces masses cosmiques sous l'action libre des
forces centrales sont roulées en sphères dans
l'étendue des cieux. Par conséquent, comme
toutes les formes discernables tendent à la

forme sphérique, l'idée involontaire d'un archétype sphérique final surgit, justifiée par l'hypothèse même de la force inhérente existant dans la matière. Car, comme les unités dernières de la matière sont des solides homogènes, leurs mouvements seraient entravés en plusieurs directions, à moins que la force inhérente de chacune d'elles n'en fût distribuée de telle manière qu'elle soit capable d'agir, avec une énergie égale, d'un point quelconque de la surface sur la matière environnante ; et aucune forme autre que la sphère ne comporte de telles conditions. C'est une forme d'équilibre, car la distribution de son énergie inhérente propre y est égale. Et comme dans la nature, il n'y a aucune garantie de la direction prédisposée de l'énergie, l'évidence établit la probabilité que la forme des unités dernières de toute matière est sphérique ; et si tel est le cas, il s'ensuit nécessairement que la forme naturelle de tous les atomes multiples, ou des molécules, dont les unités sont de la même grandeur, sont aussi sphériques.

Une autre question se présente, en outre, c'est de savoir s'il y a ou non de l'uniformité de grandeur dans les unités dernières de la matière. Si la nature dernière de toute matière, dans ses unités dernières est la même, cette question doit être résolue négativement ; car alors il n'y a pas d'autre manière d'expliquer les différences apparentes des éléments ainsi nommés, que d'admettre qu'il y a une différence de grandeur entre les unités dernières d'éléments différents. Quant à savoir s'il peut y avoir des différences radicales de matière élémentale, cela dépend de la nature de la force inhérente des unités dernières de chaque élément. Si ces forces sont, ou peuvent être différentes, alors naturellement chaque élément présente dans sa masse des propriétés correspondantes à ces forces inhérentes. Nous examinerons cette question, d'une manière complète, dans notre chapitre suivant, sur la force ; mais, quant à présent, nous déclarons que la matière est identique dans ses divisions dernières ; et que par suite, chaque unité dernière de toutes les formes de matière est douée précisément de la même espèce de force ; et nous rechercherons sous ce point de vue, l'évidence de la différence de grandeur des formes variées de la matière élémentale. Toute composition, de même que toute décomposition de la matière dérive de l'action des forces, — de celles qui appartiennent au mouvement mécanique et de celles qui sont inhérentes aux unités dernières ; celles-ci sont les forces d'agrégation et celleslà de désagrégation et les deux réunies tamisent la matière. Sous l'empire de ces forces, la matière est en constante motion ; non seulement, mouvement sympathique des unités de

2.

la masse, mais encore mouvement vibratoire de ces unités ; car, aucune des propriétés physiques de la matière connues sous le nom de lumière, de chaleur, d'électricité, de magnétisme, d'action chimique, etc., n'est admissible sans qu'on n'admette aussi le mouvement des unités dernières de la matière, avec des interstices pour ces mouvements. Une diffusion égale de mouvements à travers une masse quelconque n'est compatible qu'avec l'uniformité de résistance et l'uniformité des forces, agissant dans les masses. C'est de la diffusion égale dans les unités constituantes et de l'uniformité de leur résistance au mouvement, que dépend la stabilité des divisions élémentales de la matière.

Si les unités sont dissemblables, leurs degrés de déplacement sont inégaux ; leurs mouvements ne sont ni uniformes ni réciproques, et elles se désagrégeront conséquemment sous l'action d'une force incidente continue, et seront réunies en groupes d'unités semblables ; l'arrangement étant d'autant plus stable que les unités sont plus égales. De plus, si les unités de tous éléments étaient d'égale grandeur, le degré de leur juxtaposition, ou la densité de tous les éléments qui sont dans le même milieu, devrait être la même, ce qui n'est pas le cas. Il serait facile de produire un grand nombre de preuves et d'arguments, tirés des lois de la chimie, des causes de chaleur et d'autres sources, mais il

serait inopportun d'en parler dans un ouvrage
de cette nature. Il suffit de dire que nous
devons ou admettre que les unités dernières
des différentes formes élémentales de la matière
sont différentes de grandeur, ou que les unités
dernières de ces éléments sont investies de forces inhérentes à chaque élément, différentes de
celles de tout autre élément. Or, comme il existe
dans la nature environ soixante-dix éléments
connus, métalliques et non métalliques, il s'ensuivrait qu'il devrait y avoir un nombre correspondant de forces inhérentes différentes, une
espèce particulière pour les unités dernières de
chaque élément. Cela est non seulement absurde,
mais impossible, ainsi que je me propose de le
démontrer dans la discussion du sujet de la
force. Toutefois, en supposant tous ces points
réglés, le sont-ils par rapport à notre terre
seule ? Si cela est, ils sont spéciaux. Ou les
questions de divisibilité, d'indestructibilité, de
forme, de grandeur, etc., d'unités dernières doi-
vent-elles être limitées à notre système solaire ?
Si tel est le cas, elles sont encore spéciales.

Les astronomes ne marchent plus à tâtons
pour déterminer les problèmes qui traitent de
la position relative des astres et pour constater
les lois de leurs mouvements ; leurs recherches
aujourd'hui s'étendent à des généralités.

Des lois fondamentales ont été établies dans
tous les sentiers de la science et l'esprit en est

si profondément pénétré que notre système de
la matière et de l'énergie est lié à ceux de tous
les autres et qu'il en est résulté une unité, une
espèce d'universalité. Cette conviction s'est
accrue par la multiplicité des expériences qui sont
le fruit des recherches de tous les hommes, expériences devenues individuelles qui ont pris un plus
vaste essor et dont on ne peut contester les
effets. Prétendre que la matière a une limite définie, et que les formes élémentales particulières
qui en dérivent sont limitées à des portions spéciales d'espace ; — ou que la matière convient
à une certaine partie de l'espace et non à d'autres ; — c'est se mettre en opposition avec le
progrès de la pensée devenu universel de nos
jours. C'est rétrograder vers l'époque de l'état
primitif de l'humanité, alors que dans son ignorance et sa sotte vanité, l'homme croyait que
le soleil, la lune et les étoiles de la sphère
céleste tournaient journellement autour de sa
petite planète et qu'il était le roi de la création,
et le but final de l'univers. Lorsque dans son
orgueil, il se disait être l'objet exclusif et incessant de l'attention divine et considérait comme
indigne de lui d'être soumis aux mêmes lois que
toutes les autres choses créées de la nature. Mais
les connaissances nous ont conduits maintenant
à des vues plus larges et plus nobles, bien que
non moins respectueuses, mais plus humbles.

— L'espace est infini; le contraire ne peut se

concevoir. Si donc une portion seulement de
l'espace contient de la matière, la partie infinie
qui s'étend au-delà est un vide inutile ; et une
partie déterminée quelconque, quelque vaste
qu'elle soit, n'est que l'étendue de la main,
comparée à la partie infinie. Cette idée de l'espace occupé par un simple réseau de la totalité
est absolument contraire à une conception naturelle quelconque d'un Etre Omnipotent et Omniprésent. Car Il comprend tout, Il embrasse tout,
et son égal ne peut se trouver que dans une universalité infinie. Ni la sagesse, ni l'espace, ni la
force, ni la matière ne pourrait lui être égale en
ampleur si elle était bornée en quelque point ;
car alors puisque l'Infini est omniprésent, la
sagesse et le pouvoir absolus s'étendraient sans
but dans un espace vide infini.

Si cet espace infini était abandonné de Dieu,
ne contenait ni matière, ni force, Dieu ne serait
pas omniprésent, et il y aurait alors une région
infinie non gouvernée où Il n'est pas. Et par
conséquent, Il n'est pas Infini, s'Il n'est pas
omniprésent.

Supposons maintenant, pour un moment,
qu'il n'y ait pas d'intelligence infinie coexis-
tante dont la Suprême Sagesse dirige tout ;
qu'il y ait simplement une existence indépendante, de nécessité, qui fut toujours et toujours
sera. Dans ce cas, l'espace et la matière existent *de nécessité*. Si maintenant la matière ne

remplit qu'une partie de l'espace; la nécessité n'exerce qu'une action partielle ; elle n'est donc ni conforme, ni universelle, et ne peut s'appeler nécessité.

Ce qui existe « *nécessairement* », existe universellement. Ce qui est « *une nécessité* » pour une partie de l'espace, est une nécessité pour tout l'espace. Par conséquent, soit que l'univers existe, tel qu'il est, par la volonté d'une omnipotence intelligente, ou de nécessité, la matière doit être considérée comme étant le trait caractéristique de l'espace infini.

Mais revenons aux découvertes réelles. Des télescopes d'une portée croissante ont révélé l'existence d'espaces, toujours s'étendant, de matière aussi dense, aussi grande, consolidée ou diffuse, que celle plus voisine de nous et que nous connaissons mieux, et à des distances si immenses que l'esprit s'égare dans leur contemplation. Quant à l'existence de mondes illimités et de formes de mondes dans l'infini de l'au-delà, cette opinion peut être soutenue par analogie. Mais la matière de cet espace incommensurable est-elle la même que celle qui nous entoure ? Je démontrerai, au chapitre de la force, autant qu'il est possible de le déterminer, que les lois de la gravitation gouvernent toute la matière et tous les systèmes étoilés, et qu'il existe un parallélisme harmonieux dans la partie de l'univers qui est à notre portée.

La science physique affirme que notre système sidéral n'est qu'une agglomération atomique de plusieurs autres. Les forces centrales
d'attraction ont fait entrer en collision de vastes
mondes de matière consolidée ; — l'impulsion
de l'impact a transformé tout leur mouvement
progressif en mouvement vibratoire de chaleur,
dispersant et étendant cette matière dans des
limites surprenantes ; la réduisant en ses unités
dernières. Sous l'influence de cette force d'expansion, la matière de notre système a passé
dans d'autres sphères; — et celle d'autres sphères subissant des épreuves semblables s'est
mêlée à la nôtre.

Des aérolithes de matière solide identique à
la matière terrestre, ont été projetés des régions
stellaires vers la terre ; et des comètes errantes
ont été lancées dans notre soleil ou passent pour
toujours en orbites excentriques et en dehors de
son influence, dans d'autres systèmes solaires.
Ce mélange perpétuel, sans commencement ni
fin, doit avoir établi une conformité, une ressemblance inappréciable partout. Le spectroscope
prouve la présence dans des mondes éloignés
d'éléments métalliques ou non, identiques à
ceux des nôtres ; et une analogie juste nous en
garantit l'homogénéité indéfiniment. Et pour
conclure, on peut dire qu'il existe un espace
infini de matière ne différant sous aucun rapport
de celle qui occupe notre système solaire.

A travers des cycles sans fin, elle a suivi son cours ordinaire, et ses changements d'agréga- tion et de désagrégation se continueront, se per- pétueront dans l'infini des temps. Dans son exa- men de l'univers, le télescope ne peut découvrir d'espace vide dans l'infini ; et le microscope n'a jamais trouvé d'éléments différents des nôtres, ni plus jeunes que l'éternité. Une autre question surgit, c'est l'identité de la matière.

Les propriétés élémentales diverses provien- nent-elles des différences inhérentes de la force des unités dernières de la matière des différents éléments, ou sont-elles attribuables aux diffé- rences dans l'action de la même énergie inhé- rente, par suite de la différence de grandeur des unités dernières ?

En d'autres mots, les unités dernières douées de forces primitives, sont-elles intrinsèquement différentes, ou les forces de toutes les unités dernières sont-elles absolument les mêmes ? La matière complexe des composés organiques éparse en tableaux riants d'une abondante pro- fusion, autour de nous, n'a que l'apparence de la variété et de la diversité ; pourtant, dans un petit nombre d'éléments principaux et subor- donnés on retrouve non seulement toute la substance animale et végétale, mais encore la grande masse de matière terrestre. C'est un fait connu de tous, que ces belles formes ne procu- rent aux sens aucune évidence quelconque de leurs ingrédients, et que le type réel de leur expression est la force. Si nous remontons jusqu'à leurs éléments constituants, dans leur décomposition, nous éprouvons la même déception non seulement dans les apparences, mais souvent même d'une manière sensible dans les propriétés. Et l'on est maintes fois obligé de recourir à une analyse rigoureuse pour distinguer la matière, identique en apparence sous divers états et pourtant physiquement différente.

D'un autre côté, les formes qu'affecte le même élément sont tellement dissemblables entre elles, que son équivalent de force établi par des expériences répétées est le seul arbitre qui puisse servir de juge. Démontrons, par un exemple, comment la couleur, l'odeur, la forme, la densité et d'autres propriétés peuvent naître de simples différences d'arrangements des parties constituantes de la matière.

Le carbone, élément simple, est totalement différent sous ses trois états. Dans le diamant, il est transparent et la plus dure de toutes les substances, réfractant la lumière à un haut degré ; dans le graphite ou la mine de plomb, il est opaque, noir, presque métallique ; dans le charbon de bois, il est velouté, mou et poreux ; pourtant, si l'on isole les unités dernières de chacune de ces formes et qu'on les sépare du mouvement collectif, elles sont encore les mêmes.

En outre, des éléments dissemblables par

3

l'arrangement de leurs parties, sont susceptibles de s'assimiler étroitement. Les cristaux de boron pur sont brillants, transparents et en forme d'octaèdres ; comme le diamant de carbone, presque sans couleur et en différant peu en dureté et en pouvoir réfractif.

On ne peut donc, dans les questions de l'identité de matière, trouver le rapport dans des propriétés simplement mécaniques, puisque c'est au moyen de l'élimination de ces propriétés que nous approchons de l'individualité de la matière ; les unités dernières ne peuvent avoir de différence essentielle non fondée sur des forces inhérentes.

Mais notre manière de voir et de penser, sur la matière, a été faussée à tel point que nous acceptons sans discernement, comme en étant l'expression réelle, ce qui n'est qu'un simple symbole ou le reflet de sa forme extérieure. Rien que la parfaite connaissance de la nature ne peut nous faire perdre ces illusions de la pensée.

Ces répétitions perpétuelles sont des prototypes sur lesquels nous adaptons nos notions du réel, et nous nous imaginons que les différences entre les unités dernières sont aussi radicales et aussi intrinsèques qu'elles le paraissent dans les corps eux-mêmes.

Ces illusions se sont propagées et se sont emparées de l'esprit de science. Il en est résulté que l'opinion générale, — et les savants ne sont

pas exempts de cette erreur, — en est venue à
supposer que dans la désagrégation de la matière, chacun de ses moindres composés emporte
avec soi la continuation de toutes les propriétés
qui caractérisaient sa masse. Mais cette opinion
fallacieuse est vivement combattue par la simple réflexion, que toutes les propriétés physiques de la matière que nous connaissons, provenant de forces, avec la seule exception de
l'énergie atomique dans l'action chimique, sont
attribuables aux combinaisons des unités dans
les masses ; et qu'elles n'ont point d'existence
sans une semblable concrétion, puisqu'elles
sont des modes de mouvement de plusieurs
unités qui cessent avec la résolution de la masse
en ses parties constituantes.

Par conséquent, dans la dissection de la
matière en ses unités dernières, toutes les qualités qui dérivent de leur mouvement d'agrégation et qui servent à distinguer entre elles les
masses, telles que le son, la lumière, la chaleur, la couleur, etc..., sont éliminées.

Dépouillés des différences physiques ainsi
produites, que sont les rapports et qu'est la
diversité dans la matière restante ?

Toutes les unités dernières étant d'impénétrables, d'indestructibles, d'incompressibles solides, il y a de l'homogénéité dans toutes.

Elles sont égales en densité, elles sont pondérables, proportionnées en pesanteur et en iner-

tic ; toutes manquent d'élasticité ; il n'y a ni tissu, ni couleur, ni température ; et rien ne peut rester que *les différences affirmées* dans leurs forces inhérentes. Celles-ci sont les énergies doubles de chaque unité dernière sur lesquelles certaines doctrines basent leurs phénomènes magnétiques et électriques ; la force d'attraction par laquelle la gravitation est expliquée ; et la force de répulsion reconnue, distincte et séparée, et pourtant co-résidante, s'unissant, on le prétend, dans la même forme dernière de la matière. Selon toute probabilité, il y a lieu d'admettre que les interstices qui séparent les unités dernières de la matière, dans la masse la plus dense, excèdent plusieurs fois leurs diamètres. Si tel n'était pas le cas, la couleur et la nuance des surfaces seraient impossibles, de même que le serait la température du corps ; car la température est la mesure de la chaleur et le mouvement de la chaleur est un mouvement vibratoire des molécules, ou des atomes multiples de la matière ; conséquemment, la température est la mesure du mouvement vibratoire de la matière, et comme il y a autant de centaines de degrés entre la température ordinaire des corps terrestres, et le point connu sous le nom de zéro absolu — de température, — de même il doit y avoir une grande quantité de mouvement vibratoire dans toute matière.

L'esprit doit nécessairement s'affranchir des

notions fallacieuses sur la matière, telle qu'elle se présente à nos sens, ainsi que de l'idée chimérique que la substance est intrinsèquement ce qu'elle paraît être au toucher et à la vue.

Des espaces de milliers ou même de millions de fois les diamètres des unités dernières de la matière seraient insuffisants pour exprimer les distances d'écart qui existent entre elles et dont la force individuelle est pourtant si intense. Et en vérité, il n'y a là rien d'extraordinaire quand on considère l'œuvre de la nature dans ses infiniment petits. Le microscope nous fait connaître des ordres de vie si minimes, que dans le volume du plus petit grain de sable, se meuvent des millions d'êtres animés, ayant des phases de naissance, de croissance et de reproduction ; et possédant en outre des organes de digestion, de circulation, de respiration et de locomotion ; et dans toutes les recherches qui ont été faites dans cette direction, on a découvert un monde de vies, dont l'existence commence là où la perception impuissante de nos sens finit.

Il est important pour le plan général de notre ouvrage, d'entrer dans quelques détails sur l'hypothèse nébuleuse de la matière par laquelle on explique la formation de notre système solaire, d'après les lois de la gravitation.

Cette hypothèse est tombée dans le domaine de la science. La démonstration mathématique et expérimentale en a pleinement établi la pro-

babilité. Ce serait tout à fait inopportun de reproduire ici ces preuves, car ce sont des faits
de science physique ; et d'ailleurs, nous acceptons, sans en douter, la grande preuve de la loi
de gravitation universelle, pour autant toutefois
que le permettent nos investigations, dans notre univers visible.

Les faits concernant notre système planétaire
indiquent qu'il existait un jour une masse non
interrompue douée d'un mouvement uniforme
de rotation. Il serait impossible d'expliquer sans
cela le mouvement commun des planètes dans
la même direction, à la fois suivant l'orbite et
suivant l'axe ; pourquoi les plans de leurs orbites et de ceux de leurs satellites et de leurs
anneaux coïncident presque tous ; pourquoi
leurs orbites ne diffèrent que peu des cercles et
pourquoi d'autres choses encore.

En théorie, on suppose que des masses de vapeur nébuleuse, tout d'abord sans forme ni mouvement spécifique, affectèrent graduellement
par la force de gravitation, une forme régulière
sphérique et rotatoire, plus légère à la circonférence et augmentant peu à peu en densité vers
le centre, où elle avait atteint sa plus grande
densité. Telle fut, d'après l'opinion la plus
accréditée, la forme originelle des soleils ; c'est-
à-dire que la substance de ceux-ci s'étendait, à
l'origine, depuis leurs sphères solaires actuelles condensées au-delà des limites dernières des

orbites des planètes les plus éloignées qui tournent maintenant autour d'eux ; et que par l'œuvre combinée de rotation et de condensation, des anneaux concentriques successifs se sont formés, en commençant aux limites les plus reculées, pour se briser finalement et se rouler en sphères, constituant ainsi les planètes du corps central.

Par exemple, sous la force d'attraction de toute la matière, la vaste masse nébuleuse diffuse s'est condensée en une sphère nébuleuse devenue de plus en plus petite et qui, à l'origine, était animée d'un mouvement de rotation lent augmentant graduellement de vitesse, conformément à des lois de mécanique.

Sous l'action de la force centrifuge plus active dans le voisinage de l'équateur de la sphère nébuleuse, des fragments ont été arrachés de loin en loin de la masse principale et ont poursuivi leur course solitaire formant alors des anneaux qui se sont brisés par la suite ; la matière dont ils étaient composés s'agglomérant naturellement en sphères ou planètes simples, semblables à la grande sphère originelle ; et finalement, par une action analogue de condensation et d'évolution des anneaux, ceux-ci se sont transformés en planètes avec des satellites et des anneaux, jusqu'à ce que toute la masse principale se fût condensée elle-même dans notre soleil. Voici, en peu de mots, les princi-

paux faits physiques qui ont servi de base à
l'opinion émise par les savants que notre système a passé par des stages successifs, depuis la
forme nébuleuse jusqu'à son état actuel.

La terre est un sphéroïde aplati, comprimé
aux pôles. Il existe des preuves nombreuses et
connues de son état semi-fluidique primitif et
de sa concentration, en se refroidissant.

Il y a de grandes raisons pour croire « que
sa forme est due, plutôt à des portions moins
soumises à la force centrifuge, qui se sont détachées sous cette influence ou se sont éloignées
des parties équatoriales, que d'admettre que la
forme qui existe est une modification de la
forme, primitivement globulaire, par la rotation
initiale. Car, si les dernières portions avaient
commencé à être détachées de leur forme sphérique, elles n'auraient pu être retenues dans des
limites par une force contraire et l'œuvre
d'aplatissement aurait continué indéfiniment,
si la vélocité avait été maintenue. La séparation
des anneaux circulaires est démontrée par ceux
de Saturne. Celle des parties, par l'inégalité du
mouvement et la contraction, est attestée par
la récente rupture de la comète de Biela ».

L'observation a démontré qu'il existe entre
les planètes des graduations régulières de densité; depuis les plus proches jusqu'aux plus dis-
tantes du soleil. « Ainsi, Mercure doit peser à
peu près autant que son équivalent de plomb ;

Vénus, environ six fois le poids d'autant d'eau ;
la terre, au total a quatre fois et demi le poids
de l'eau ; Mars a un peu plus de trois fois le
poids de l'eau ; Jupiter dépasse d'une petite
fraction son poids équivalent d'eau ; Saturne a
moins que la moitié de ce poids spécifique, ou
environ le poids équivalent d'autant de liège ;
et Herschel a constaté une diminution correspondante de densité. Cette graduation est précisément ce qu'elle serait, en supposant que toutes
les planètes soient toutes formées par l'œuvre
d'une loi commune, d'une sphère originelle de
matière fluide (gazeuse), qui doit avoir été le
plus dense vers le centre et le plus raréfié à sa
surface extérieure ». « Il existe un rapport semblable entre les distances des différentes planètes. En allant plus avant et en considérant les
astéroïdes comme équivalents à une planète, chaque planète successive à partir de Mercure est
environ à une distance double de celle qui existe
entre la planète précédente et le soleil, ce qui
dénote la provenance d'une loi commune ».

« On pourrait supposer qu'après l'évolution
de Mercure, la planète la plus rapprochée du
soleil, il y aurait encore un résidu de matière
nébuleuse entourant le nucleus plus dense du
soleil. En effet, on trouve une vaste masse de
matière volatile qui entoure le soleil, nommée
lumière zodiacale. Et en dedans de celle-ci,
encore plus concentrée et s'étendant au dehors

de la masse plus dense fondue, il y a une vapeur enflammée, ou atmosphère incandescente, enveloppant le focus solaire et s'en éloignant à une grande distance ». Or, quand on se rappelle que toutes les nébuleuses ont un ou plusieurs brillants focus, dont la vapeur incandescente entretient les mouvements, l'analogie qui existe entre elles, notre soleil et notre système se trouve corroborée.

Mais ce n'est pas tout encore. D'après les principes suivant lesquels des périodes de rotation se maintiennent en relation avec la masse d'un corps déterminé, en rotation, il a été prouvé que l'année sidérale de chaque planète correspond exactement à la période pendant laquelle le soleil doit avoir tourné sur son axe, en supposant que sa masse se soit étendue jusqu'à l'orbite de ces planètes avant qu'elles en fussent détachées. Et les périodes de rotation des planètes principales, avec leurs masses à l'état de vapeur, s'étendant jusqu'aux orbites de leurs satellites, doivent de la même manière avoir été en rapport avec les périodes orbitales actuelles de ces satellites.

En outre de ce qui précède, nous savons que conformément à la loi Kirkwood, « le carré du nombre de rotations d'une planète quelconque, dans le cours de son année, est au carré du nombre de rotations d'une seconde planète, comme le cube du diamètre de la sphère d'at-

traction, de la première planète, est au cube
du diamètre de la sphère d'attraction de la
deuxième planète. Le rapport qui existe entre
les forces et les mouvements des différentes planètes, est si bien déterminé qu'il exclut
toute supposition possible, que ce soit l'effet
du hasard. « La théorie nébuleuse satisfait à
toutes les apparences de notre système, et
explique le mouvement des planètes primitives
et actuelles. Elle démontre que la formation du
système a été successive, les planètes les plus
éloignées étant les plus anciennes, et les satellites les plus récents. Si, en admettant de semblables points de vue, la stabilité de notre système peut à peine être considérée comme absolue, n'est-on pas autorisé à supposer que, par
la résistance continue du milieu général interstellaire, l'éther, notre système doit à la longue
se réunir à la masse solaire d'où il est venu,
jusqu'à ce qu'une dilatation nouvelle de cette
masse par l'excessive chaleur se produise
dans l'immensité des temps, et organise de la
même manière un nouveau système destiné à
suivre un cours analogue ?

Dans cette œuvre d'absorption, eu égard à la
résistance du milieu éthéré, les rotations planétaires doivent devenir plus lentes, les orbites
plus petites et moins elliptiques, et leurs temps
périodiques plus courts, jusqu'à ce qu'enfin la
planète se précipite dans le soleil; de sorte

que dans un avenir trop éloigné pour être fixé, tous les corps de notre système planétaire, se réuniront à la masse solaire d'où ils émanent. Toutes ces transformations prodigieuses de destruction et de renouvellement doivent avoir lieu sans en troubler davantage les phénomènes généraux : c'est-à-dire l'action réciproque des soleils ; conséquemment, ces transformations de notre système, trop extraordinaires pour qu'il soit possible de s'en faire une idée, ne peuvent être que secondaires, même que des événements locaux, comparées aux transformations beaucoup plus éloignées et même universelles, de consolidation et d'expansion de soleils en soleils, et de ces soleils en d'autres soleils ».

En prenant à des sources diverses la preuve abondante de cette grande théorie, notre but a été de la présenter à nos lecteurs de la manière la plus lucide possible ; en évitant surtout de la compliquer de détails : si les faits donnés sont acceptés, les probabilités deviennent plus que contestables, car l'ensemble de l'évidence équivaut à la conviction. — Toutes les conditions requises pour une hypothèse rationnelle se trouvent remplies par elle, car elle explique non seulement tous les phénomènes qui y sont compris, mais c'est aussi la seule hypothèse qui puisse les expliquer ; en outre, elle est susceptible d'être soumise à une expérience désintéressée. C'est le point culminant d'où l'on peut

observer dans leur ensemble et leur perspective
infinie, les manifestations de la loi fondamentale
de gravitation de la nature.

Isolé, c'est un spectacle grandiose : c'est plus
encore ; car, dans cet ensemble merveilleux
depuis l'état chaotique et l'œuvre initiale de la
matière diffuse jusqu'à la formation des mondes,
on voit la simplicité et la sublimité de la Divine
Sagesse. Ainsi considéré, notre système solaire
se réduit à un simple point dans l'espace ; sa
matière est la consolidation d'un vaste anneau
circulaire détaché de quelque puissant soleil et
roulé sous forme de globe probablement avec
un grand nombre d'autres ; une foule mêlée de
planètes principales et de satellites de l'orbe
centrale, au volume de laquelle elles furent jadis
réunies dans une seule masse nébuleuse. De
plus, dans les profondeurs de l'espace sans fin,
de plusieurs billions de distances intersolaires,
se trouve encore un plus vaste centre duquel
avait évolué cette masse dernière avec un nombre infini d'autres, et dont la circonscription,
quoique dépassant notre conception est pourtant définie ; car à son tour, c'est l'expansion et
la concentration de quelque approximation plus
grande avec l'au-delà indéfini ; et tout se mesure,
se cube, occupe une position aussi précise,
aussi déterminée que le moindre objet qui est
devant nos yeux. D'une part, nous constatons la
révolution des satellites et des planètes autour

des soleils ; des soleils autour d'autres soleils
plus grands ; de ceux-ci autour des systèmes ;
des systèmes autour de systèmes plus considérables ; de plus grands systèmes autour de
groupes, et de ceux-ci autour de zones incom-
mensurables, multipliés à l'infini.

Et pourtant, au-delà de ces limites, il reste
encore une étendue qu'on ne peut atteindre,
qu'on ne peut mesurer ; toutes agglomérations
issues d'amas nébuleux, — chacune d'elles étant
la production d'un principe antérieur. Dans l'infini de la matière et de l'espace, il n'y a pas de
centre absolu, car il n'y a pas de circonférence ;
conséquemment, il est impossible d'en déterminer la source vraie et nous n'avons d'ailleurs
d'autre souci que celui de faire ressortir les
limites considérables dans lesquelles se meut
l'univers constellé. La cause de l'expansion et de
la diffusion de la matière nébuleuse, est, ainsi
qu'il a été établi, de la chaleur engendrée par
la conversion du mouvement des masses par
suite de collision en un mouvement équivalent
de vibrations (ou de mouvement de chaleur) de
leurs unités. Dans l'œuvre rétrograde de condensation, le mouvement de chaleur de ces
unités disparaît par le refroidissement de la
matière. Helmholtz estime que la 454e partie
seulement de la force mécanique originelle de
notre système planétaire reste, mais que l'excé-
dent converti en chaleur, serait encore suffisant

pour soulever une masse d'eau égale à celle du soleil et des planètes, pris ensemble, — rien moins que vingt-huit millions de degrés centigrades.

On voit donc qu'ainsi, de beaucoup la plus grande proportion de la chaleur originelle de notre système s'est perdue dans l'espace par le rayonnement pendant le refroidissement et la contraction de la matière nébuleuse, jusqu'à la densité actuelle des planètes et du soleil. La limite extérieure de la sphère nébuleuse était loin au-delà de la planète la plus éloignée ; et la courbe de séparation du premier anneau nébuleux, où la force centrifuge due à la rotation, était égale à la gravitation, était considérablement au-delà de l'orbite existant de cette planète. Il est présumable, donc, que notre système solaire, dans l'œuvre successive de la transformation du mouvement d'agrégation des corps planétaires en mouvement moléculaire de chaleur, engendré par l'absorption des planètes par le soleil, et par la perte de cette chaleur par le rayonnement dans l'espace, doit dans un avenir éloigné arriver à un état de consolidation totale.

Le mouvement orbital qu'il poursuit maintenant autour de quelque centre éloigné, doit de la même manière cesser par l'intégrité et la consolidation finale de sa masse, et celle d'autres systèmes, avec ce vaste centre dont ils ont tous également pris leur origine. De plus, si l'on admet qu'il existe un espace indéfini au-delà de l'espace stellaire, non occupé si ce n'est par un milieu éthéré, semblable à celui des espaces interplanétaires, le cours de toute matière stellaire vers la consolidation finale et le repos, absolument analogue à celui de notre propre système désigné ci-dessus, est inévitable à une certaine période, laquelle quoiqu'éloignée, n'est pas d'une durée infinie.

Car, quelque grands que soient les intervalles de temps, quelque vastes que soient les masses qui se meuvent pour se combiner en un agrégat général unique, le mouvement de translation doit finalement se convertir en mouvement moléculaire de chaleur, et par suite du refroidissement, transporter celui-ci jusqu'au milieu éthéré extérieur de l'au-delà, pour y poursuivre sa course sans fin.

On arrive à la conclusion énoncée plus haut, en admettant que l'espace occupé par l'univers stellaire est défini ou circonscrit; et qu'au-delà il n'existe rien, à une distance infinie, que le milieu éthéré. Mais nous ne voyons aucune raison plausible pour nous éloigner de l'opinion déjà émise antérieurement, que l'espace est occupé d'une manière illimitée par des formes de matière, au-delà de la portée de notre sens visuel, correspondant rigoureusement à ces formes que nous observons; c'est-à-dire que l'univers stellaire est d'une étendue infinie; car l'univers n'est

pas limité à un point, et son immensité n'est
pas une dissemblance. La matière étant envisagée sous cet aspect et avec l'application la plus
complète de l'hypothèse nébuleuse, on peut
démontrer sans peine, que toute la matière pour
autant que nous sommes capables de comprendre le mot « tout » sera transformée de la même
manière en un état mécanique pour lequel, conformément à ses propres lois, tout changement
ultérieur sera impossible. Car, il y a lieu d'admettre (comme ce sera inévitablement le cas)
que des soleils avec leurs satellites, des groupes
avec leurs soleils, des constellations avec leurs
groupes, et des zones avec leurs constellations,
se concentreront dans un centre commun de
gravitation.

La chaleur développée dans cette intégration
générale des masses si vastes, se mouvant vers
une collision à travers des intervalles presque
incommensurables, avec des vitesses constamment accélérées, doit en raréfier la matière dans
des proportions incalculables, et fatalement, la
diffusion nébuleuse qui en résulte doit recouvrir
les orbites des étoiles qui sont juste au-delà de
celles engagées dans cette agrégation. « Le milieu de résistance qui s'oppose au mouvement
de ces étoiles, étant ainsi augmenté, facilite
grandement leur rencontre respective dans leur
gravitation vers un centre; et l'expansion qui
en résulte, altère à son tour l'équilibre de la

même manière et hâte la concentration d'autres systèmes. Conséquemment, les collisions se suivent à travers l'espace et en produisent d'autres ; et la matière nébuleuse s'étendant sans cesse, la radiation interne doit inévitablement se terminer par la dispersion de toute matière stellaire quelconque, dans la forme nébuleuse et dans l'équilibre final de la chaleur de cette matière ».

Dès lors, toutes autres transformations, toutes les manifestations de la nature doivent cesser et l'univers de matière doit être voué à une monotonie éternellement immuable, à moins que le grand Ordonnateur qui régit tout ne fasse surgir la résurrection, de ses profondeurs.

Quelle que soit donc l'hypothèse, quel que soit le point de vue sous lequel on examine la question, on arrive à une période d'équilibre matériel et d'éternelle immutabilité de toute la matière de l'univers. Ce résultat est inévitable, sous l'une quelconque des trois hypothèses possibles, à savoir : soit que l'on regarde le nombre des masses sidérales limité, avec une continuité éthérée infinie dans l'au-delà ; soit que l'on suppose que l'éther interstellaire et les masses sidérales aient des bornes déterminées, au-delà desquelles dans l'infini de l'espace, il n'y a rien ; ou enfin qu'on croie qu'il existe un espace infini rempli, comme l'est celui qui est dans les limites de notre vue. Il y a une gradation ascen-

dante et descendante, une dissolution qui est le
résultat inexorable du point de vue actuel de la
conservation de la force de l'univers et de l'œuvre des lois de la gravitation que nous acceptons comme étant pleinement vérifiées par l'expérience et l'observation la plus minutieuse;
autant, en effet, qu'aucune connaissance humaine. Cette inévitable stagnation, cette mort
réelle de la matière de l'univers dans un avenir
distant mais qui n'est sous aucun rapport infini
en durée et qui est produite, comme nous l'avons
vu, par la loi, ne pourrait par aucun autre pro-
cédé être rappelée à une forme nouvelle et à la
vie progressive, sans une influence supérieure
à la loi, en dehors d'elle et pour laquelle la loi
serait insuffisante. On trouve dans la vie universelle matérielle, une juste comparaison à la
vie terrestre organique dont nous sommes insé-
parables dans la naissance, la croissance et la
mort. Or, qu'on se souvienne que ce qui a été
possible sous l'action de la loi, dans la tendance
qu'a la matière vers un état final, s'est déjà
accompli dans le temps éternel qui nous a pré-
cédés. Et comme nous avons démontré que la
matière, d'après une loi permanente, poursuit
son cours sans dévier, soit vers un état de consolidation permanent et universel en une masse,
soit vers un état universel de diffusion et d'équilibre de l'un ou l'autre de ces états dans lequel
il n'existe pas de réaction propre; il s'en suit

nécessairement ou que les lois fondamentales de
la matière ne sont pas maintenant ce qu'elles
étaient à une époque antérieure d'existence; ou
que la matière, à quelque période primitive, est
arrivée à un des états de stagnation et de mort
réelle déjà décrits et qu'elle a été ramenée de
cet état par l'intervention divine, à la condition
d'une vie nouvelle, comme nous le voyons maintenant dans les cieux étoilés.

On a, sans nul doute, remarqué que les conclusions qui précèdent ont été basées sur la
présomption de l'indestructibilité absolue de
l'énergie mécanique, ou de l'impossibilité de la
destruction d'une forme quelconque de mouvement mécanique, à moins qu'au moment de sa
disparition, il ne se soit produit un mouvement
équivalent d'une autre forme, dans laquelle la
première est convertie. La doctrine moderne de
la conservation de la force est la clé de voûte
sur laquelle la science a édifié son œuvre. En
l'acceptant et suivant jusque dans ses conséquences l'hypothèse nébuleuse, et le dogme
reconnu de la conservation, on est arrivé à l'é-
quilibre universel de la matière ; — à un état
d'éternelle monotonie et de nullité, exigeant
pour sa revivification le concours de l'Omnipotent. Et en poussant plus loin nos conclusions,
nous ajoutons qu'à moins que la grande loi de
gravitation ne change pour ainsi dire dans chaque cycle incommensurable, depuis la concen-

tration jusqu'à la diffusion, l'influence et l'intervention directes sont également indispensables. Ainsi, quand les phénomènes de la nature sont évalués par des espaces de temps presque incalculables, on trouve que la stabilité de ce qui nous a paru être d'éternelles constellations, s'évanouit comme une œuvre sans consistance: La force majestueuse de ces orbes puissantes, transformée en mesquines vibrations d'atomes, et celles-ci dissoutes en vapeur ; ou bien, entremêlées et concentrées dans une masse incommensurable, sans lumière ni vie, poursuivant à travers l'espace un chemin désolé et sans but.

Nous trouvons que l'énergie de la matière, sous la puissante loi de gravitation, est incapable de perpétuer la vie et la vitalité de la nature : Et personne ne supposera un instant que la matière pourrait d'elle-même se dévêtir d'une loi d'action pour en prendre une autre. Nous sommes donc poussés vers l'alternative et la conclusion que, à moins que les grandes lois de la conservation de l'énergie et de la gravité ne soient que des riens futiles, l'intervention divine doit, d'époque en époque, agir dans les profondeurs infinies pour ramener la matière à la vie et vers un but. Ainsi, d'après les lois de la science, considérant la matière comme un tout, un vaste composé, nous sommes conduits par elles à l'esprit universel, sans la direction duquel la matière et ses lois sont des nullités. Et des hauteurs étourdissantes sur lesquelles nous sommes arrivés, nous avons acquis la conception la plus élevée et qui domine toutes les autres, c'est celle d'un Ordonnateur Suprême de l'univers.

CHAPITRE III

De la Force.

Le mouvement se présente comme une manifestation subordonnée à la force, vue à travers la
matière et limitée au temps et à l'espace. Toutes
les notions que nous avons de la matière dérivent de résistances de lieux dans l'espace, en
opposition avec des lieux qui ne présentent
aucune résistance. Ces lieux de résistance ont
de l'étendue mais ils n'ont pas de volonté indépendante. L'invariable passivité de cette étendue
suivant les trois dimensions, à laquelle l'expression « matière » est appliquée, et l'énergie
requise pour son mouvement à travers l'espace
ont donné lieu à la distinction entre l'inertie et
la force. On a donné le nom « d'inertie » à la passive impuissance de la matière. Ce n'est pas la
force, mais l'absence de force, bien qu'elle mesure
la force déployée à produire le mouvement. Les
expériences faites de la force établissent que la
substance au repos est incapable par elle-même
de se mouvoir et que quand elle est mise en
mouvement, elle ne peut ni arrêter ni changer ce
mouvement. L'inertie de la matière étant ainsi

démontrée, une influence réciproque quelconque
de l'une sur l'autre de masses disjointes ou d'a-
tomes, est nécessairement imputable à la présence inhérente d'une énergie. Puisque toutes
nos notions sur la force sont basées sur la matière, toutes les forces physiques qui n'en dérivent pas sont, rigoureusement parlant, inconcevables. Et comme de semblables forces ne peuvent exister sans matière, il s'ensuit que si la
matière n'était pas inerte ou n'avait pas d'inertie, la force serait inutile, en ce qu'elle n'aurait
aucune fonction.

On ne peut rien savoir de la nature dernière
de la force ; c'est un attribut inhérent à la matière, mais qui n'est pourtant pas de la matière.
Quelle que soit sa nature, elle ne peut pas plus
changer la direction de son influence, ni régler
sa propre action, qu'une unité dernière de matière n'est capable de se contracter ou de s'étendre de sa propre volonté. Tout mouvement est
matériel et représente de l'énergie matérielle.
La substance ne peut, par conséquent, pas se
séparer de son mouvement sans qu'une énergie
équivalente ne soit transmise à une autre substance. « Si ces mouvements, à l'aide desquels
les parties se modifient dans un nouvel arrangement, pouvaient soit provenir de rien ou se
réduire à rien, il y aurait une fin à leur interprétation scientifique. On pourrait aussi bien
admettre que nier que tout changement essen-

tiel possède en soi la faculté de commencer et
de finir. Mais il y a une vérité qui ressort de la
nature même de l'état de conscience, c'est que
la réalité relative que nous appelons mouvement, ne peut jamais naître à la vie ni cesser
d'exister ». Dans toute la nature, on ne trouve
nulle part d'exemple de repos absolu ; tout repos
supposé n'étant purement que l'expression des
relations des corps avec d'autres parties de
l'espace. Toute variation thermale est accompagnée de mouvement atomique ; cette variation seule est incessante et universelle. Le mouvement chimique et polaire est continu ; et le
mouvement diurne et annuel de la terre change
constamment la position de chaque atome de sa
masse.

Les mouvements combinés du système solaire,
et le mouvement de ce système vers une con-
stellation éloignée, ainsi que les mouvements des
étoiles et des nébuleuses, sont des évidences de
transition continue desquelles nous inférons
avec raison, le mouvement de tout l'univers
étoilé ; mais dont on ne peut faire la vérifica-
tion par suite de l'absence d'une parallaxe
appréciable et de l'espace limité de nos observations.

L'univers affranchi de la monotone uniformité, se trouve ainsi doué d'activité, de vie et
de beauté, uniquement en vertu du mouvement
sans fin de chaque et de toute unité de matière.

4

Les observateurs primitifs, bien que non moins satisfaits du mouvement de la matière, ont fait fausse route dans leur interprétation.

Les phénomènes connus des changements observés dans les quatre éléments supposés, la terre, l'air, le feu et l'eau, ainsi que le mouvement périodique de la terre, troublant son repos, firent naître dans l'esprit de l'homme des conceptions de mouvement, aussi anciennes que sa race. On a vu tomber des corps lourds et dépourvus de point d'appui ; et on en a déduit que tous les corps solides étaient attirés vers le bas et réciproquement, que si des corps avaient une tendance à s'élever, c'était parce qu'ils étaient légers. « Cette conclusion déduite du poids des corps était si satisfaisante et si évidente en soi que jamais, comme il en avait été des autres dieux, le dieu « du poids » n'avait été imaginé ». Si un corps en mouvement venait à s'arrêter, on en concluait que sa force d'impulsion avait été non seulement épuisée, mais annihilée. On regardait son ralentissement comme une tendance au repos, inhérente au corps. Le mouvement a été longtemps considéré comme un effet, ayant un commencement et une fin définis ; et naturellement la possibilité du mouvement continu sans l'action continue de la cause, alors même que le corps ne fût pas dérangé, ne pouvait se comprendre, puisqu'on n'avait jamais pensé à l'existence d'une résistance égale au mouvement perdu. Cette manière de raisonner s'étendait à tous les changements de position constatés dans les corps célestes ; et en substituant des qualités occultes à des énergies inhérentes, l'attention fut concentrée sur des hypothèses sans fondement, sur des observations gênantes qui retardèrent l'acquisition de notions exactes.

Nous ne parlerons pas ici ni des théories variées et savantes émises pour expliquer les mouvements du système solaire, ni des efforts tentés dans les découvertes qui ont conduit aux lois du mouvement planétaire ; un tel sujet serait inopportun, fastidieux et compliqué.

Grâce au génie de Copernic, de Galilée et de Képler, toutes les questions astronomiques sur le mouvement furent absorbées par les questions de mécanique rationnelle, suivant laquelle le mouvement est inséparable de la force qui le produit ou qui tend à le produire. Mais dans l'esprit de Newton, conjointement avec la gravitation constatée des planètes vers le soleil, la question de la cause d'un semblable état de choses fut soulevée.

Ce dernier croyait que la cause résidait dans les corps eux-mêmes, et réfléchissant au phénomène de la chute de la pomme, il pensait que la gravité était identique avec les tendances planétaires. Il démontra la vérité de son allégation eu égard à la lune et puis aux planètes, prétendant qu'une force ayant la même loi de

variation quant à la quantité et à l'intensité dirige les mouvements de tout. Et il conclut avec
raison que la force de gravitation qui existe
dans notre système solaire était une force identique, en ce que les mêmes effets proviennent
des mêmes causes. C'est de cette explication
judicieuse de la cause de gravitation des corps
que jaillit pour la première fois, dans l'histoire
du progrès, l'idée que la matière était le siège
de la force ; et puis, on en déduisit comme une
conséquence logique, que la force était la cause
du mouvement. C'est donc aujourd'hui un fait
notoire, prouvé par l'analyse, que la matière
est une substance inerte dans laquelle la force
réside et cause son activité. La grande loi de la
gravitation découverte par Newton, est une loi
d'attraction entre toutes les masses de matière.
La force, ou action attractive, varie en raison
directe des masses sur lesquelles elle agit ; et
en raison inverse du carré des distances ; de
sorte que si de deux masses dont la quantité est
représentée par dix, on double ce total, l'effort
d'attraction entre elles sera deux fois plus grand ;
et de même si la distance entre deux masses
quelconques est d'abord dix, et qu'on la réduise
à l'unité, la quantité d'effort d'attraction sera
cent fois plus grande qu'avant. Il résulte en outre
de cette loi, que des lignes droites tracées entre
des masses sont des lignes d'intensité de force
attractive.

L'universalité d'attraction de la gravitation est maintenant un fait acquis à la science. Il existe des preuves émanant de sources variées, affirmant la vérité de cette loi physique généralement connue. La déclinaison du fil à plomb causée par le voisinage d'amas de montagnes démontre l'action de la terre. Que ce soit là une loi de matière sidérale ressort d'observations faites sur les étoiles doubles, sur leur révolution et leurs cercles orbitaires ; d'amas étoilés, de leur tendance à se condenser en un noyau, et de leur forme globulaire ; de la forme spirale qu'adopte la matière nébuleuse ; et de la forme spirale d'une classe étendue de groupes d'étoiles ; de la tendance ordinaire constatée qu'ont plusieurs étoiles de s'éloigner et un grand nombre d'autres de s'approcher d'un certain point de la sphère céleste ; du mouvement de notre système solaire ; du mouvement de plusieurs étoiles considérées jusqu'à présent, comme étant fixes, pour autant que nos moyens d'observation ont pu l'établir. L'analogie indique qu'il existe une similitude harmonieuse entre les lois de notre système et celles qui régissent, dans des régions éloignées, la même matière que celle de notre propre système. « L'univers est une sphère dont le centre est partout et la circonférence nulle part ». La diversité dans les lois du mouvement, ne pourrait longtemps maintenir l'ordre dans l'univers ; tôt ou tard, il en résulterait de

4.

la confusion et de la destruction. Tout indique une unité grande et simple. La régularité et l'harmonie ne peuvent être universelles qu'en admettant l'existence d'un principe unique qui gouverne.

Il y a lieu d'observer que l'effort exercé par la force d'attraction de gravitation, à travers l'espace, est indépendant d'un médium matériel.

Il n'est pas du tout contingent dans la transmission atomique. Naturellement, bien que cette vérité ne soit pas compréhensible, nous sommes forcés de l'admettre. C'est une quantité immense d'énergie agissant entre de vastes agrégations de matière ; et aucun médium subtil, tel que l'éther interstellaire, ne pourrait apporter ou contenir des forces aussi disproportionnées à la substance éthérée. Mais, en supposant qu'il y ait un milieu dense intermédiaire entre ces vastes agrégrations de matière, la transmission de cette force attractive au moyen d'un tel médium serait-elle plus concevable qu'avant ? On doit admettre l'une des deux hypothèses, et pourtant l'une n'est pas plus intelligible que l'autre. Toutes deux impliquent une influence de traction s'étendant à travers l'espace, et soit qu'on admette un médium matériel ou pas, il n'en résulte pas davantage de lumière.

L'expérience bien connue de l'aimant et d'un morceau de fer démontre la complète possibi-.

lité d'une telle action sans un médium intermédiaire continu.

Toute matière est, par conséquent, forcée de suivre la direction donnée par l'action d'une force inhérente ; à moins d'affirmer que ce qui est mû et ce qui cause le mouvement sont identiques, ce qui est en contradiction avec l'expérience. L'une exprime la passivité ; l'autre, la capacité de communiquer le mouvement et d'en gouverner la direction. La force implique une résistance, et l'action de la force, un effort opposé à la résistance. Nos sens nous prouvent à l'évidence que l'univers est formé de matière et de force ; ou de force et de ce qui est par soi-même sans force, ce dernier étant la substance, le premier le véhicule. Affirmer que la matière résiste activement ou exerce un effort, c'est affirmer qu'elle est une force. Si elle est une force, la résistance d'une masse à un mouvement doit être acceptée comme étant le résultat d'une multitude de points de résistance simplement mathématiques, agrégés et pourtant sans substance.

Dans cette hypothèse, chaque point est un effort de répulsion qui lui oppose des efforts d'impulsion ; et le monde de matière ne présente donc rien de plus que des points immatériels de force s'opposant eux-mêmes, sans aucune cause apparente, à d'autres points d'effort en activité qui leur sont semblables ; les

dominant parfois, mais parfois impuissants ;
quelquefois visibles, d'autres fois point,— toutes
d'évidentes absurdités. La seule alternative donc
est d'admettre la substance comme étant réelle,
dernière et inerte, offrant une résistance purement passive au mouvement et ne commu..i-
quant aucune idée d'énergie réelle.

La force et la matière constituent tout l'ensemble des phénomènes de la nature et pour
mieux dire de l'univers naturel, dans toute sa
variété et sa beauté, tel qu'il se présente à nos
sens physiques. Or, si les phénomènes de la
nature sont soumis à une loi invariable, alors
les forces de la matière sont définies en quantité et en mesure, et sont invariables en action ;
autrement l'ordre et la régularité doivent naître du désordre et de l'incertitude irréfléchie.
En admettant qu'il existe une force d'attraction
qui agit entre les masses de toute matière, il
s'en suit que cette force est une résultante de
l'attraction de toutes les forces composées des
unités dernières de la masse ; car, toutes les
masses sont formées de ces mêmes unités, et
en elles doit résider la force d'attraction ; en
d'autres termes, elles sont le réel foyer de
l'énergie attractive ; et l'une quelconque d'entre
elles exerce une énergie proportionnée exactement à sa quantité de matière ou à sa grandeur.
Dans le but de simplifier, nous désignerons doré-
navant l'énergie d'attraction simple qui réside

dans les unités dernières de toute substance, comme *force primitive*, pour la distinguer de la force *secondaire* représentée par le mouvement de la matière qu'elle est susceptible de modifier.

Cette force primitive, ou principe d'énergie, doit *toujours* exister dans la matière ; — sinon, elle peut se trouver en dehors de la matière, comme une entité non déterminée, ou simplement existant ; — agent de pure immatérialité, et naturellement, dans tous ses rapports, nécessairement indifférente à la loi. La matière serait donc, tantôt, influencée par cette force et tantôt pas. Elle serait parfois privée de mouvement et d'autres fois soumise à un mouvement excessif, sous son influence ; — ce qui est contraire non seulement à toute loi, mais à toute expérience ; — et pour cette raison, une telle supposition doit être rejetée. De même, il peut être démontré que la force primitive inhérente à une unité dernière quelconque de matière est toujours la même, et qu'*elle* doit y rester à jamais, quel que soit son pouvoir. Sans cela la matière peut d'elle-même augmenter ou diminuer, s'approprier de l'énergie, ou se déposséder elle-même, *à volonté*. Or, comme la force primitive est ainsi pour chaque unité, un pouvoir défini, et le même pour chaque masse, la quantité de force primitive qui existe dans l'univers est invariable.

Il est donc de toute évidence qu'il ne peut y avoir ni augmentation, ni diminution de la force innée de la matière. S'il en est ainsi, la matière peut avoir produit et produire encore le mouvement ; ce qui est contraire à toute idée d'harmonie ou de loi. Naturellement, nous ne faisons pas allusion ici à la simple intensité d'attraction entre des masses ou des unités qui augmente à mesure que l'intervalle qui existe entre elles est moindre. Et ici encore dans cette décroissance même d'énergie attractive, ou de force primitive, avec accroissement de distance, on peut reconnaître toutes les particularités d'une force limitée; une capacité diminuée d'action.

Examinons maintenant cette énergie attractive primitive dont la présence est confirmée dans toute matière, en nous rappelant dans la recherche de cette inconnue, que la limite extrême de l'investigation et de l'argumentation ne peut arriver à rien de plus qu'à une probabilité raisonnable ; et c'est là aussi le terme de toute science, non susceptible de démonstration expérimentale. Représentons-nous une unité sphérique dernière de matière au repos, et isolée de toute espèce d'influence, et quoique son principe de mouvement soit absolument immatériel, toutefois pour le besoin de la démonstration, rendu pareil à un fluide élastique visqueux ; il est évident que ce principe d'énergie sera distribué symétriquement eu égard à l'unité de substance. Supposer le contraire, serait admettre un effet sans cause. De plus, si l'énergie inhérente était répartie sans symétrie, l'unité se déplacerait dans la direction de la plus grande énergie. Or, si la deuxième unité semblable était mise sous l'influence de la première, la force de chacune d'elles deviendrait plus concentrée dans le segment de celle qui est la plus proche de l'autre, et le mouvement s'ensuivrait, à cause de la prépondérance de la force, dans le sens de la concentration.

Puisque la matière est par elle-même incapable de produire le mouvement, la cause du mouvement est l'effort sympathique d'une *force primitive, vers une force primitive* d'une autre matière. Non pas *de matière* vers *la matière,* car la matière c'est de l'inertie ; *non pas de matière* vers de *la force primitive,* pour la même raison. La tendance à l'égalité de distribution de force dans la matière, *est une condition de l'existence de la force et de la matière associées ;* et *toute loi* de l'action de la force, *quelque fondamentale qu'elle soit, est subordonnée à cette condition de la fixation de la force d'attraction primitive dans la matière ;* autrement, dans la tendance de la force vers la force, elle abandonnerait sa propre matière. Dans la tendance de la force vers une autre force, il y a *toujours une limitation d'action,* qui est le degré vers lequel la symétrie de la distribution, de la force

dans chaque unité de matière peut être troublée.
La propension universelle de la matière pour
l'union, serait consommée par le contact complet des unités dernières de matière, et la fin de
toute vie, si le principe de limitation n'y mettait
obstacle, — comme nous espérons le démontrer,
— quoique *la tendance perpétuelle* de la force
attractive primitive de chaque unité, doive être
de se répartir elle-même symétriquement, eu
égard à l'unité de grandeur; l'accomplissement
de cet effort est comme perpétuellement empêché par l'association mutuelle et le mouvement
de toute matière.

Revenons maintenant au cas supposé de deux
unités de matière, isolées de toutes autres
influences attractives. Au fur et à mesure
qu'elles se rapprochent l'une de l'autre, l'énergie qui se trouve dans la partie de celle qui est
le plus près de l'autre, est plus forte que dans
la partie opposée; énergie due à la proximité la
plus grande de ces deux parties; intensité provenant de leur moindre distance. Plus ces unités se rapprochent, plus grande est cette intensité; quand elles sont presque ou tout à fait
en contact, leurs forces sont devenues presque
ou tout à fait une force unique dont la plus
grande intensité est près des segments presque
ou entièrement joints. C'est ce qui est contraire
à la loi d'existence de la force et de la matière,
c'est-à-dire que la force *est distribuée symétri-*

quement; par conséquent, quand le degré d'approximation est tel que les unités sont en contact réel, les forces ne chercheront plus à s'unir au milieu des unités, mais tendront vers une égale distribution dans les deux unités. Or, comme ces énergies s'efforcent à s'éloigner pour se distribuer d'une manière plus uniforme, les unités elles-mêmes s'éloigneront l'une de l'autre, sous leur influence ; et ce mouvement continuera jusqu'à ce qu'il soit de nouveau contre-balancé par les énergies attractives intégrales de chaque unité, et ces derniers états seront des positions d'équilibre, l'une par rapport à l'autre. Mais il va de soi, que ces positions d'équilibre ne pourraient jamais devenir des états de repos ; et que, si deux unités pouvaient être isolées, comme elles sont supposées l'être, elles oscilleraient en arrière et en avant, l'une vers l'autre, pour toujours.

Il est impossible donc que lorsque deux unités sont arrivées en contact, il n'y ait une plus grande intensité d'énergie vers les parties des deux unités les plus proches du contact ; et qu'il n'y ait un point où l'énergie de chaque unité de masse ne résiste à cette inégalité d'intensité, puisqu'elle est opposée à l'égalité de distribution d'énergie ; et qu'elles ne résistent, par conséquent, à un mouvement qui tend à rendre cette inégalité plus grande. Car, comme la matière des unités tend à devenir une unité de

masse, leurs énergies tendront au même degré
à prendre davantage le caractère d'une simple
unité d'énergie, et résisteront par conséquent,
ce qui *est contraire à la condition d'existence*
de cette énergie, c'est-à-dire, à *l'inégalité de
distribution*. Il pourrait sembler que l'état d'é-
quilibre, par rapport au mouvement de ces deux
unités, aurait lieu quand leurs surfaces sont
juste en contact. Tel serait le cas, si ce n'était
pour la raison, que l'intensité d'action de force
de chaque unité est la plus grande aux segments
en contact; conséquemment la quantité de force
là est la plus grande, et c'est ce qui doit causer la
séparation des unités vers un point quelconque
éloigné du contact réel. Il en résulte des oscil-
lations sans fin de toutes les unités dernières de
la matière, sans lesquelles ni la vie dans la nature,
ni la différence de densité de subtance, ne
serait possible.

Nous allons maintenant rechercher s'il pourrait y avoir dans la matière une force répulsive
absolue primitive, aussi marquée, aussi distincte, aussi nettement définie que ne l'est la
force d'attraction primitive ; car, les physiciens
assurent que quand les unités de matière s'ap-
prochent jusqu'au contact final, instantanément
(et naturellement sans cause explicable) le pouvoir d'attraction reconnu, inné dans chaque
unité est paralysé, et qu'une force répulsive illimitée est subitement produite (de rien) ; obli-

geant les unités à se séparer ; et qu'alors, à son
tour, la force répulsive devient assoupie, et la
force attractive, agissante. Tout cela est sans
cause, inconcevable et entièrement conjectural.
Mais c'est là une partie de la philosophie physique enseignée de nos jours, qui assigne à chaque unité de matière, non seulement des forces
distinctes et séparées d'attraction et de répulsion, mais aussi *des forces spéciales magnétiques* et *spéciales électriques* ; et *une force chimique spéciale*, ou affinité particulière à chaque
espèce de matière ; toutes énergies spéciales,
distinctes et séparées, co-résidantes dans chaque unité de matière. Faut-il s'étonner de voir
l'imagination des savants se perdre dans des
prétentions aussi absurdes, et l'ignorant sotte-
ment se moquer et proclamer à haute voix l'omnipotence de la matière, et méconnaître la
nécessité d'une sagesse ou d'une puissance spirituelle ? Faraday profondément convaincu de
la croyance d'une force d'attraction disparais-
sant soudain au contact des unités de matière,
méconnaissait entièrement le principe de la conservation de la force, a dit : « L'idée d'une
force simplement enlevée ou suspendue, sans
un effort porté dans une autre direction, me
semble être absolument impossible ».

L'idée d'une force, quelle que soit sa nature,
changeant sa direction d'action, de l'attraction
à la répulsion, passant par zéro à une énergie

opposée, implique un changement de la nature de la force, ce qui est en contradiction avec les lois fixes ; et tout à fait opposé à la loi de conservation de la force, car il n'existe pas de « mouvement transmis ». Dans le cas, toutefois, de nos deux unités de matière supposées, on remarquera qu'il y a « une transmission d'effort » de leurs forces au contact des unités, c'est-à-dire vers l'égalité de la distribution de la force par rapport à la matière. Il est clair que s'il existait une force distincte caractérisant chaque masse élémentaire de matière différente, (une forme particulière de force pour chaque élément), dès lors chacune de ces forces particulières doit résider dans les unités de la masse ; car dans tous les cas, les propriétés particulières de qualités doivent se rapporter aux unités constituantes. C'est pourquoi, au point de vue actuel de la matière, chaque unité dernière doit être douée de quatre énergies distinctes : d'attraction, de répulsion, chimique et polaire. L'association harmonieuse, action toutefois indépendante de ces forces, dont chacune est parfois dominante à l'exclusion des autres, non seulement dépasse l'analyse, mais est en opposition avec la raison. Et pourtant si on admet une dualité, comme attraction et répulsion primitives, on peut tout aussi bien accepter une pluralité quelconque.

L'une est aussi concevable que l'autre. Des

forces polaires et chimiques existent sans aucun doute ; mais nous tâcherons de démontrer qu'elles sont contenues dans la loi d'action d'une force d'attraction primitive.

Naturellement, il n'est pas possible de déterminer positivement qu'une variété d'énergies inhérentes n'existe pas dans chaque unité dernière de matière. L'analyse actuelle ne peut évidemment nous mener au-delà de la matière élémentale et nous ne pouvons examiner celle-ci que dans un état d'agrégation ; et seulement au moyen de ces formes mêmes d'énergie : la chaleur, la lumière, l'électricité, le magnétisme et l'affinité chimique ; toutes respectivement convertibles et qui ont été, et sont encore reçues comme les exposants des qualités existant dans les unités, et qui sont de même nature que leurs agrégations. La couleur, la dureté, le goût, la fusibilité, ne doivent pas être pris en considération, étant des qualités de matière agrégée qui disparaît avec sa désagrégation ; mais on trouve la négation de la multiplicité des énergies primitives, dans son irrationnalité même. Cette doctrine a surgi comme une utilité d'hypothèse, et comme elle a maintenant atteint son but pour le développement de la science, elle peut passer dans l'oubli, car elle n'a aucune raison d'être maintenue plus longtemps. Elle élève ce qui est simplement matériel au domaine du vague, de l'indéterminé ; et offrant tout d'abord une bar-

rière infranchissable à la compréhension soit de
la matière, soit de la force, elle se perd à la fois
dans le mystérieux, et avec l'ignorant, même
dans le surnaturel. L'évidence d'une force primitive ou d'une force de gravitation de la matière a une origine plus vaste et une plénitude
qui n'appartient à aucune autre. Elle est invariable en nature, elle appartient à toute matière
également et elle est indépendante d'un état de
changement ou d'une combinaison quelconque.
Ceci n'est vrai pour aucune autre force primitive prétendue. L'évidence de leur condition n'est
que partielle.

Elle se manifeste parfois et d'autres fois pas,
étant toujours soumise à des conditions de
mouvement. Le fait même que toutes les formes d'énergies, de chaleur, de lumière, d'électricité, de magnétisme et de force chimique sont
respectivement convertibles, seul, démontre pour
ainsi dire, que chacune de ces formes est due
à un *mode de mouvement* unique de matière qui
est développé sous certaines circonstances favorables ; et que le phénomène n'est pas en lui-
même dû à une énergie inhérente particulière.

La force primitive d'attraction de gravitation
n'est au contraire, en aucune manière, modifiée
par le mouvement de la matière, et elle ne peut,
de même, être ni produite ni arrêtée par une
forme quelconque de mouvement, ni être convertie en aucune forme. Il est surtout important

pour tout ce qui dépend des connaissances physiques que les idées fondamentales ne soient
pas vraisemblablement considérées comme des
illusions d'immatérialité, comme des probabilités de réalité absolue. Puisque c'est de la connaissance physique que nous nous élevons à un
ordre d'idées plus pur et plus abstrait ; et si
elle était indéterminée ou reçue comme chimérique, tout autre ordre d'études serait d'autant
plus enveloppé dans le doute, ou d'autant plus
exposé au progrès du scepticisme et de la crédulité. Les connaissances physiques devraient
être une actualité reconnue, définie, claire et
limitée ; et l'instinct public ne devrait être
jamais vicié, en révélant les phénomènes physiques d'un caractère mystérieux et merveilleux,
en nous abandonnant à des explications plus
étranges que les difficultés ; comme dans les
conceptions du philosophe Berkeley, ou les
théories du savant jésuite italien Boscovich sur
les forces immatérielles.

Mais deux méthodes générales de procéder
peuvent être progressives ; l'une, par l'abandon
sans restriction de toutes vues théoriques non
susceptibles de démonstration complète ; et
l'autre, par l'admission des vues qui sont raison-
nables et probables et qui ont une base définie
et réelle, dans les éléments de la matière, de la
force et du mouvement. Cette dernière est la
méthode naturelle et correspond à la compré-

hension humaine d'un médium tangible et matériel, et de son rapport avec lui ; et en même temps,elle offre un vaste champ et un stimulant à son imagination, ce puissant auxiliaire de la découverte.

Passons maintenant à l'examen d'autres points concernant la force d'attraction primitive ; le premier, c'est son action d'agrégation. Supposons que l'on ait deux unités dernières de matière, l'une très petite et l'autre grande, — et même d'une raisonnable grandeur : l'inégalité de leur attraction à une distance quelconque sera due à la quantité de force de chacune d'elles, variant avec la masse d'un volume de matière quelconque. Naturellement, l'énergie attractive de chacune est définie ; prétendre le contraire, serait prétendre qu'elle s'étend à une distance infinie ; ce qui est contraire à la loi de la croissance laquelle est, qu'elle varie en raison inverse du carré de la distance. C'est-à-dire, que si à la distance désignée comme un, l'attraction entre ces unités est dix, à la distance dix, l'attraction sera un $1/100^e$ de ce qu'elle était avant. De sorte qu'il suit de là, qu'à une certaine distance où l'attraction de la plus petite unité ne serait absolument rien, celle de la plus grande unité est d'une valeur réelle. Ce qui est vrai pour les forces des unités simples, est vrai pour les masses ; car, quand les unités se joignent, il en résulte une action confluente de leurs forces ; et la capacité de l'effort d'attraction est par suite étendue par l'augmentation de la masse, précisément en proportion de cette augmentation ; car, en vérité, un tel accroissement est *l'accroissement de la quantité,* de la force primitive, à l'origine. La capacité de l'attraction d'une masse, donc, dérive de l'association des unités d'énergies, et est un effet résultant de ces composés. La variation de l'intensité de la force eu égard à la distance, peut être comparée à celle d'une quantité définie de lumière ; elle peut être répandue aux dépens de l'intensité, ou concentrée aux dépens de la quantité. Quand la distance entre deux masses de matière est diminuée, et que l'intensité de leur attraction devient plus grande, ce n'est pas parce qu'il y a création d'une force ou d'une énergie quelconque ; mais parce que ce degré d'intensité ou d'énergie est une énergie *due à cette distance,* et qu'elle est *une force potentielle de matière,* toujours la même, soit que les masses soient en dedans de la capacité d'attraction l'une de l'autre ou pas. Il y a de bonnes raisons pour croire, (mais l'évidence en est si multiple qu'il est impossible de la produire ici en détail) que la matière, au lieu d'être répandue en ses unités dernières lesquelles agissent séparément ou comme autant d'unités d'énergies, existe sous une forme moléculaire, dans les moindres activités ou sous forme d'un

grand nombre d'unités réunies en un seul
atome; et que dans ces molécules ou composés,
les unités agissent chacune de concert dans
toutes les *différentes propriétés* de la matière,
telles que la lumière, la chaleur, les manifestations chimiques, magnétiques et électriques.
Cette hypothèse a beaucoup d'adhérents et n'est
contraire ni à l'observation ni à l'expérience.
Un volume d'eau qui jaillit d'une certaine
hauteur, rencontre de la résistance dans l'air,
se disperse en masses et puis en gouttes. En
augmentant la force de dispersion, les gouttes
se désagrègent en de moindres dimensions,
correspondant au mouvement ; et sous l'effet
d'une agitation encore beaucoup plus grande
comme quand l'eau se transforme en vapeur et
que celle-ci est portée à un haut degré de chaleur,
les particules échappent alors à notre vue. La
force conservatrice d'un volume étant relativement plus grande à mesure qu'un corps diminue, l'effort de l'attraction disparaît bientôt
dans la forme sphérique d'une goutte. Et personne ne peut supposer que cette forme est
perdue dans une division subséquente quelconque des unités de gouttes. Mais quel que soit
le degré d'agitation, ce sera toujours un atome
sphérique multiple aussi longtemps que son
hydrogène et son oxygène seront unis.

Le mercure moins apte à perdre sa fluidité
au contact des surfaces humides, se maintient

en globules sphériques plus grands qui deviennent plus petits, en proportion du mouvement
plus fort auquel ils sont soumis. Sous une
grande vibration de chaleur, le mercure se vola-
tilise et devient invisible, mais la forme persiste
sans aucun doute à l'état sphérique.

La solution des corps en liquides, la congéla-
tion de l'eau, l'isomérisme des corps et maints
autres phénomènes confirment l'idée de la matière; et comme les forces de chaque unité sont
centrales, il s'ensuit que la forme d'atomes
multiples est la sphère. Naturellement, il est
sous-entendu, par ce qui a été dit dans les pages
précédentes, que les unités dernières constituant un atome multiple quelconque, ou molécule, quoiqu'agissant dans chaque molécule
comme une unité de force, ne sont en aucune
façon unies par contact réel.

Des intervalles de plusieurs milliers de fois
leur diamètre peuvent être insuffisants pour exprimer la distance qui les sépare de ces unités
à l'aide de laquelle leur pouvoir individuel est
si intense.

Et, l'on se souviendra, en outre, que non seulement les unités de chaque molécule sont constamment dans un état d'inconcevable vibration
rapide, mais que les molécules, ou atomes multiples, elles-mêmes, d'une masse quelconque,
doivent se maintenir aussi dans un état d'oscil-
lations rapides, par la raison que deux atomes

multiples d'une masse quelconque de l'univers
ne pourraient par aucun moyen possible, avoir
précisément la même quantité de mouvement ;
car deux parties d'une masse de matière quelconque ne pourraient quelque grandes ou petites
qu'elles soient, recevoir des milieux ambiants
exactement la même quantité d'impulsions matérielles ou de mouvement fortuit ; — et que le
mouvement des molécules et des unités est
apporté par leur échange constant de différence
de mouvement dans la masse et sa tendance à
l'équilibre.

Il est temps maintenant de se rappeler ce qui
a été dit de la chaleur intense qui résulte de
l'impact des corps sidéraux et de l'immense diffusion de matière qui accompagne cette chaleur;
en nous remémorant que ce que nous nommons
chaleur, n'est autre chose que le mouvement
vibratoire des molécules. Dans le refroidissement de cette matière, précisément l'action
inverse à celle de la chaleur a lieu, comme dans
la séparation de l'eau et du mercure, ainsi que
nous l'avons décrit, — c'est-à-dire que les unités
dernières de la matière s'unissent les premières,
puis les molécules, puis les groupes de molécules ayant à peu près le même mouvement; et
enfin, de grandes agrégations de ces groupes se
constituent en masses. Pour être plus explicite,
disons que dans la collision des corps célestes
à laquelle il a été fait allusion, plus haut, leur

mouvement de translation est transmis dans le mouvement frissonnant vibratoire ou mouvement de chaleur ; et cette chaleur est évaluée à plus de vingt mille fois celle qui pourrait être produite par des moyens artificiels. Naturellement, tous les efforts qu'on tenterait pour s'assurer de la densité relative de la matière incandescente, quand elle est dans cette condition d'extrême chaleur, dépasserait toute conjecture.

Les intervalles qui existent entre les unités dernières des masses les plus solides de matière ont été comparés par certains physiciens aux espaces entre les étoiles des cieux ; — et par conséquent, dans l'entière désagrégation de la matière stellaire qui suit la collision, ces intervalles sont considérablement augmentés. Mais quelque grandes que soient la chaleur et la diffusion de la matière, l'attraction des unités l'une pour l'autre en maintiendra la continuité ; car sans leur rapport respectif, quant au mouvement, il ne pourrait y avoir d'extension de volume. Avec la destruction partielle du mouvement de chaleur, par la radiation dans l'espace, au-delà de la matière chauffée diffuse, commence le premier degré de contraction. Et comme les forces qui agissent ne sont que deux, celle du mouvement de chaleur mécanique qui entrave, et celle de l'attraction qui favorise la concentration, il résulte des lois bien établies en mécanique, que ces commencements d'agré-

gation seront la séparation d'unités différentes
l'une de l'autre, ou d'unités d'inégales grandeurs, et la formation en groupes d'unités semblables ; et cette œuvre se continuera à travers
le volume total nébuleux quelque grand qu'il
soit. Car des unités similaires seront sollicitées
de même et agiront et réagiront d'une manière
semblable ; et sous les lois de la force, les
différences du mouvement des différents ordres
d'unités, quant à leur grandeur, doivent avoir
pour résultat de se former en groupes d'unités
du même ordre. Pour des raisons analogues,
des groupes ainsi formés du même ordre d'unités contiendront à peu près le même nombre
d'unités.

Les groupes des unités les plus grandes
auront les plus grandes dimensions, et ces groupes ainsi que leurs unités auront le minimum de
mouvement, tandis que ceux composés d'unités de la plus petite grandeur auront les plus
petites dimensions et le plus de mouvement.
Nous désignerons ces groupes primitifs de
matière qui constituent le premier degré de concentration, sous le nom de molécules, ou *atomes multiples.*

Il est évident qu'ils ne peuvent plus être
réduits à leurs unités dernières, sauf par un
retour de la chaleur excessive de la diffusion
dans laquelle ils furent autrefois englobés. L'a-
tome multiple de la matière est donc selon nous

indestructible ; et c'est l'unité que l'on doit considérer dans tous les rapports de la force primitive.

Suivant les lois mécaniques de force et de
mouvement, ces groupes primitifs d'atomes
multiples d'unités semblables finiront par s'unir,
en ce que par la suite des temps, la chaleur de la
matière nébuleuse diminue, et ils formeront de la
matière élémentale d'atomes multiples semblables. Par la grande chaleur donc, toute matière
peut être volatilisée ; et par un froid artificiel
intense, tous les gaz peuvent être réduits à l'état
liquide ; et par analogie, si nous avions les
moyens de produire le zéro absolu de température, nous pourrions solidifier une matière,
quelconque. Nous devons conclure de là *que*
l'état actuel d'agrégation de la matière est dû à
une certaine quantité de chaleur qui y est conte-
nue, ou à un mouvement oscillatoire de ses ato-
mes multiples ; et comme nulle substance n'est
douée de dureté absolue, il existe de la vibration dans les unités dernières et les atomes
multiples de toute matière. Il reste une autre
question à examiner, c'est celle qui a rapport
aux forces d'un atome multiple, ou molécule,
si matériel quant à la compréhension de l'action des forces dans les phénomènes chimiques
et autres, qu'au risque de paraître ennuyeux, nous
jugeons important pour le but que nous nous
proposons d'expliquer. Car, bien que des ques-

tions de cette nature puissent être suffisamment intelligibles pour les hommes versés dans la science, elles ne le sont pas pour le commun des lecteurs. Et notre seul but est ici de faire appel à cette classe qui, ayant des notions générales est portée au scepticisme ; et qui attribue à la science tant de possibilités que, lorsqu'elle entend l'athée dire que la nature est une puissance amplement suffisante, elle est toute disposée à défendre cette doctrine dans une certaine mesure. Revenons maintenant à deux unités de matière et supposons-les isolées de toute attraction dans l'espace, excepté de celle qu'elles ont l'une pour l'autre. Si l'unité *a* est de plus forte grandeur que l'unité *b*, elle n'exerce sur *b* pas plus d'attraction que *b* ne lui en envoie. Une force sympathique d'attraction ne peut pas produire au retour une plus grande force que celle qu'elle communique, autrement il n'y a pas de raison pour que la terre ne se meuve pas avec une aussi grande rapidité vers un objet qui tombe, quelque petit qu'il soit, que l'objet lui-même vers la terre. Admettons, de plus, que l'une de ces unités, comme *a*, est l'unité centrale d'une masse compacte ou sphère d'unités. Evidemment, puisque toute l'énergie possible pour une unité dernière de matière est une quantité fixe et définie, il en résulte que la somme de l'effort d'attraction de toutes les autres unités pour cette unité centrale est exactement égale à

son énergie et rien de plus; et que son énergie
étant ainsi divisée n'est pour chacune d'elles
qu'une partie fractionnelle de ce qu'elle était
pour l'unité *b* dans la première hypothèse. Si
maintenant nous supposons avoir un fragment
sphérique d'unités d'un pied de diamètre, ayant
exactement les mêmes limites que la sphère
d'unités, mais pourtant encore en déans la limite
d'attraction de l'unité, *a*, toute son attraction
sera de nouveau divisée entre les unités de ce
fragment, aussi bien que celles de la sphère, et
sera moindre pour chacune d'elles qu'auparavant; car, autrement, il ne pourrait y avoir de
limite à la force d'aucune unité.

Il doit être, en outre, évident que quand nous
parlons de l'*intensité* d'attraction à une distance
quelconque, entre deux masses ou unités de
matière, nous ne voulons rien dire de plus que
la quantité d'effort d'attraction à cette distance.
Il s'en suit, par conséquent, puisque toute la
quantité d'attraction possible pour une unité
quelconque est définie et fixe, comme celle d'une
force quelconque, que si une partie de cette
attraction est employée d'une manière quelconque, elle est incapable de produire cette même
quantité d'effort dans toute autre direction ; —
et elle a précisément en plus cette même quantité d'énergie libre, dont elle n'a pas l'emploi.
Admettons maintenant que la petite sphère ou
masse d'unités qui est autour de l'unité *a* s'é-

tende jusqu'à la limite du fragment sphérique ;
évidemment, par l'augmentation de la distance
des unités de *a*, une partie de l'attraction de *a*
est délivrée de son emploi et rendue à elle-même.
Ce qui est vrai de l'unité *a* est vrai de toutes les
autres unités de la petite sphère ; chacune d'elles lui a rendu par l'expansion de la masse et la
séparation des unités une portion de son énergie, laquelle est enlevée de l'effort d'attraction,
par raison de la plus grande dispersion de ces
unités.

On peut voir par ce qui précède que, dans
un atome multiple, ou molécule, composé de
plusieurs unités dernières, à mesure que ces
unités sont séparées par l'extension de l'atome
multiple, due à une augmentation de vibration,
leurs énergies sont rendues libres dans la même
proportion ; — rendues libres d'emploi de concentration, et capables par conséquent d'agir
dans chaque unité plus individuellement. Il en
résulterait ainsi que toute l'énergie de l'atome
multiple pour un autre, situé en déans de la limite d'attraction de ses unités dernières est plus
grande qu'avant l'expansion de l'atome ; puisque
chaque unité a plus de force primitive ou attractive libre ou non employée qu'auparavant.

Nous nous sommes étendus sur ce sujet au
risque de fatiguer nos lecteurs, car c'est de ce
principe, comme nous le démontrerons, que
dépend l'énergie chimique de la matière ; et non.

parce que les unités dernières de chaque substance élémentale sont revêtues d'une force inhérente particulière distincte et séparée de toute
autre substance. De même que nous avons été
amenés à admettre la nécessité de l'Esprit Infini
dans notre examen des formes merveilleuses de
la matière dans sa vaste agrégation ; de même,
on peut démontrer que dans ces formes dernières et infiniment menues, il existe une essence
de force spirituelle, quoique cachée en apparence,
sous le voile de l'énergie d'attraction.

CHAPITRE IV

Des forces des propriétés physiques
de la matière.

Les propriétés physiques de la matière reconnues de nos jours comme modes de mouvement, sont la lumière, la chaleur, l'électricité, le magnétisme et les échanges mutuels chimiques. Notre seul but en faisant brièvement allusion à chacun de ces états, est de montrer que la matière et la force sont des choses de la plus grande simplicité, quand elles sont présentées à nos sens par leurs phénomènes; qu'il n'existe pas des propriétés occultes, ni des fluides mystérieux, ni des entités indescriptibles dont la puissance et les facultés soient incommensurables et insondables. Naturellement, nous ne savons rien et nous ne pouvons rien savoir de la nature dernière, soit de la matière, soit de la force primitive inhérente; mais nous savons que toutes deux, la matière et la force, sont gouvernées par des lois; que leur création ou leur annihilation ne peut se concevoir; que la matière est réelle autant qu'une chose quelconque peut l'être pour nous, et que chacune de ses divisions finales ou unités dernières est douée d'une énergie inhérente et définie qui est pour toujours déterminée en quantité, et qu'elle ne peut jamais être ni augmentée, ni diminuée, sous les lois établies de la nature.

Nous nous proposons de démontrer comment, sous l'action d'une seule force primitive innée, l'attraction, toutes les propriétés susdites sont produites ; que chacune d'elles est un simple effet mécanique du mouvement de la matière et de cette force unique ; et que comme ni l'une ni l'autre, dans aucun cas, n'est capable de produire ni d'apporter la vie, il n'y a aucune raison de croire que par leur union, elles soient capables de provoquer ce résultat.

Du mouvement de la chaleur et de la lumière.

La chaleur et la lumière sont de simples modes de mouvement vibratoire de la matière, quoique la nature précise de ce mouvement soit au-dessus de l'analyse ; les recherches en étant limitées par la constitution même des choses. La communication de la chaleur est la communication du mouvement, et elle a pour effet de séparer entre eux les atomes multiples ou les molécules constituantes de la matière. Nous

avons déjà démontré pourquoi au contact des
unités dernières de la matière, celles-ci se repoussent l'une l'autre ; et pourquoi, par la même
raison, deux atomes multiples dont chacun contient un grand nombre de telles unités se
repoussent l'un l'autre, quand ils se rencontrent.
C'est ce qui constitue l'élasticité de la matière.

La vibration sans élasticité ou le pouvoir de
revenir à la forme première, est impossible.
Quand les atomes multiples d'un volume quel·
conque reçoivent une impulsion d'autres atomes
qui leur communiquent plus de mouvement,
leurs ondes vibratoires sont plus longues et plus
énergiques; elles occupent plus d'espace, et
tout le volume de la matière ébranlée s'étend.
L'effet de la chaleur sur toute matière, avec
une ou deux exceptions, est de se dilater ; et
rejetant l'idée erronée de sensations, attachée
à la chaleur et au froid, nous disons que la
chaleur est simplement le mouvement d'expansion des corps, par suite du mouvement atomique incessant. Avec raison donc, toutes les
recherches concernant la chaleur n'ont rapport
qu'à des degrés de mouvement. Un mouvement
de chaleur appliqué à un point quelconque d'un
volume solide de matière tend à séparer les
atomes les uns des autres; en opposition avec
leur mouvement, se trouve l'effet réactionnaire
uni des autres atomes, ou leur tendance à maintenir leurs positions contre leur déplacement.

Mais si le mouvement extérieur se continue, il domine les degrés successifs de résistance et la désagrégation en résulte.

Si la persistance du mouvement devient encore plus grande, la vibration des atomes s'accélère, chacun d'eux occupe plus d'espace, et le volume étant en outre raréfié, passe de l'état liquide à l'état gazeux. Par un effet contraire, comme la chaleur signifie mouvement d'atome, de même le froid implique l'absence d'un tel mouvement ; et toutes choses étant égales, plus la température d'un corps est basse, plus leurs atomes constituants doivent être rapprochés l'un de l'autre. Puisque la chaleur et le froid représentent des degrés de mouvement, il n'existe aucune distinction réelle entre les degrés de chaleur et les degrés de froid : et tout instrument qui sert à les mesurer évalue simplement la quantité relative de mouvement attesté dans la matière. Ce qui a été dit de la chaleur et du froid comme étant simplement des degrés relatifs de mouvement s'applique, « mutatis mutandis » à la chaleur et à la lumière ; ce ne sont que des degrés de mouvement, puisque la plupart des formes de la matière deviennent incandescentes par l'augmentation de leur quantité de mouvement de chaleur. Quand un corps ou une surface réfléchit des vibrations de certains degrés de vitesse, l'œil en est touché, et nous voyons la surface qui s'offre à notre vue, avec des couleurs qui ne sont que des modifications de cette vibrations.

La conscience qu'on a de la chaleur, du froid, de la lumière, de la couleur, n'est donc que le sentiment intérieur des quantités de mouvement qui provient des milieux ambiants. De même qu'il y a une limite supérieure et inférieure à la portée de l'ouïe, et dans la lumière des degrés d'intensité, dans les deux sens, qui sont au-delà de notre perception, de même dans la chaleur il y a un maximum et un minimum d'intensité qu'il nous est impossible d'évaluer, la limite d'expérience que nous avons de la chaleur n'excédant pas l'étendue de la main, comparée à l'étendue incalculable qui est au-dessus et au-dessous d'elle. Même, si l'on supposait que toutes les unités dernières de la matière sont de la même grandeur, il serait encore impossible que deux agrégations quelconques de matière dans la nature possèdent le même degré de mouvement de chaleur, par la raison qu'elles ne pourraient occuper simultanément la même position dans l'espace, et seraient par suite sujettes à des forces incidentes dissemblables à chaque instant. Et cela est encore moins possible avec toute la diversité des différences de grandeur des unités dernières d'élément différents de matière.

Cette inégalité de chaleur est pourtant réglée et trouve une rapide distribution par l'action

incessante de l'échange du mouvement eu égard
au rapport respectif de la matière. Chaque corps
doué d'un excès de mouvement de chaleur tend
à le transmettre à des corps contigus de moindre mouvement ; non pas parce que ces corps
extraient d'eux-mêmes leur mouvement, mais
parce que le mouvement suit toujours la ligne
de moindre résistance ; — et la matière qui
présente la moindre résistance à la chaleur et
au mouvement est, — toutes choses égales —
celle qui a le moindre mouvement en elle-même
pour réagir, avant que son mouvement devienne
isochrone avec le mouvement imposé. La direction de l'échange du mouvement de chaleur,
viendra donc toujours de la masse ou du volume du mouvement de chaleur le *plus grand*,
à celui du mouvement de chaleur *moindre*.
Comme les unités des différents éléments de
substance sont, d'après notre théorie de la
matière, de différentes grandeurs, les unités de
chaque élément ont différents degrés de vibration, alors même que chacune d'elles a reçu la
même quantité de mouvement de chaleur.

Car, la même force imprimera sur différentes
grandeurs, différentes vélocités ; pourtant le
produit de chaque grandeur par sa vitesse, sera
le même que le produit d'une grandeur quelconque par sa vitesse. Par conséquent, à la même
température, l'état d'agrégation de différents
éléments est dissemblable ; les uns prendront

la forme solide, les autres la forme liquide et d'autres la forme gazeuse. Le lecteur aura sans doute déjà conclu qu'une telle chose que l'isolement d'une unité quelconque ou masse de matière dans l'univers, d'une autre unité quelconque ou masse, est une impossibilité ; chaque unité est par suite de sa force d'attraction et de mouvement primitifs, constamment en contact ; quant à l'influence avec d'autres unités, des expériences minutieuses et concluantes démontrent que tout l'espace est occupé par une substance (l'éther) éminemment raréfiée et élastique, à travers laquelle les impulsions radiantes de lumière et de chaleur tracent leur chemin. Par son élasticité, cette substance est répandue uniformément, à la fois dans l'espace étoilé, dans ce que nous nommons le vide, et dans les interstices des atomes multiples de tous les corps, solides ou fluides. Le mouvement de chaleur et de lumière est par ce médium transporté non seulement à travers le vide le plus complet, mais il traverse encore dans tous les sens l'espace interstellaire ; c'est un lien universel de force dynamique. Toute évidence concourt à prouver que la lumière et la chaleur ne sont que des degrés différents de la même forme de mouvement ou d'énergie dynamique. Les lois de leurs phénômènes sont les mêmes sous tous les rapports.

Il n'existe pas de données qui soient de nature

à faire supposer que la lumière puisse être engendrée par d'autres modes, ou par d'autres moyens que ceux qui produisent la chaleur ; et il n'y a pas de changement ou de manifestation imprimée au mouvement de lumière que n'influence pas la chaleur associée de la même manière. La vitesse incidente des deux est là même ; l'un et l'autre sont répa dus au même degré dans le milieu éthéré ; et l'un et l'autre sont transmis, réfléchis, absorbés et réfractés par les mêmes lois.

Phénomènes électriques et magnétiques, et leur explication par une seule force primordiale.

En étudiant l'électricité et le magnétisme nous n'avons l'intention, pas plus que pour les autres propriétés physiques de la matière, de discuter les formes et les lois de leurs manifestations, les nombreuses variations de ces lois et la grande série de faits qui s'unissent pour confirmer l'opinion de l'existence d'une seule énergie innée dans la matière ; mais simplement de désigner les rapports de leurs phénomènes avec ceux de la matière dirigés par une seule énergie attractive primitive.

Il n'existe probablement pas dans la nature de manifestations physiques, qui aient frappé, d'une manière aussi évidente, l'esprit de l'existence, d'énergies attractives et répulsives que celles qui sont manifestées par le magnétisme et l'électricité, quoiqu'il soit vrai, qu'un sensible progrès ait été accompli par l'abandon des anciennes notions des fluides incorporés ; et qu'on ait dit avec raison que « la supposition d'un fluide gravitant pourrait avec non moins de justesse être invoquée pour expliquer la cohésion ».

Mais il existe un grand nombre de personnes instruites qui sont d'une opinion contraire et qui sont pénétrées de l'idée qu'il y a réellement des entités telles que l'électricité et le magnétisme, l'affinité chimique, la force vitale, etc., attachées à la matière, et qui ne sont pourtant pas, par elles-mêmes matérielles, quoiqu'elles soient sujettes aux lois matérielles. Mais, ceux qui ne veulent pas pousser leurs investigations plus loin, reconnaissent dans ces entités variées, de merveilleux effets.

La science définit maintenant l'électricité, « une force composée remarquable par la forme particulière d'action et de réaction qu'elle exhibe ; cette espèce d'action et de réaction suit la même loi d'égalité et d'opposition dans ses manifestations, que celle qui se produit d'une manière plus évidente dans les phénomènes de mécanique ». Cette explication implique deux forces opposées, l'attraction et la répulsion. Pour que ces deux forces puissent se trouver

dans *toute* matière (car *toute* matière peut être
dans une certaine mesure à la fois magnétique
et électrique), l'une des deux conditions de la
matière doit exister ; ou bien, toutes les masses
doivent avoir exactement autant d'unités douées
de force de répulsion inhérente qu'il y a d'unités
possédant de l'attraction inhérente ; ou chaque
unité doit être également revêtue d'une force
inhérente de répulsion, et d'une force inhérente
d'attraction, co-égale et co-résidante.

L'une et l'autre de ces conclusions sont entièrement illogiques, et inconcevables. En outre,
si la matière était ainsi conditionnée, il ne pourrait y avoir d'énergie attractive résultante quelconque dans la masse. Sans pousser la discussion
plus loin, nous continuerons la démonstration
des phénomènes, dans l'hypothèse que toute
matière est identique ; et que chaque unité dernière est revêtue d'une force d'attraction variant
en quantité avec sa masse ou sa grandeur. Si
deux molécules quelconques ou atomes multiples d'unités et de mouvement semblables se
trouvent dans le rayon d'attraction l'une de
l'autre, ils continueront à s'attirer jusqu'au contact. La force d'agrégation de chaque atome
l'un vers l'autre, étant la somme des forces
d'unités *libres d'agir* (voir la dernière partie
du chapitre sur la force) ou la force *résultante*
libre de chacun. Quand les deux atomes viennent en contact, les deux énergies primitives

résultantes tendent à se distribuer de manière à établir l'uniformité de la force, eu égard à la matière.

Mais puisque dans leurs segments les plus proches, se trouve la plus grande quantité et intensité d'énergie, et qu'aucun atome ne peut se fusionner dans l'autre (étant indestructibles), l'état d'équilibre de ces deux atomes est celui de séparation réelle à un point déterminé. Et ils se sépareraient conséquemment l'un de l'autre immédiatement après le contact ; comme nous l'avons déjà expliqué dans le cas de deux unités dernières de matière, au chapitre de la force. Nous supposons, pour plus de simplicité, que les atomes sont formés d'unités et de mouvement semblables. Si, pourtant, les unités d'un atome, comme a, ont plus de mouvement que celles de l'autre atome b, en s'unissant, une partie de leur mouvement passera à l'atome b, et b étant ainsi plus étendu qu'avant, aura plus d'énergie libre. Si, maintenant, un troisième atome c était placé près de celui vers lequel le mouvement passe, il serait attiré par b et l'attirerait plus qu'auparavant. Les atomes b et c se mettraient par conséquent au contact, l'atome c recevrait plus de mouvement, et serait donc plus étendu et aurait plus d'énergie libre qu'avant. De même, le mouvement passerait à d, à f, etc...

Chaque atome recevant, à son tour, plus de mouvement par le contact avec l'atome qui le précède, et ayant plus d'énergie libre ; et puis, se séparant avec son excès de mouvement et d'énergie, reviendrait à son état normal. On se souvient, qu'à la fin du chapitre « sur la force », nous avons expliqué pour quelle raison dans l'expansion d'un atome multiple quelconque, les énergies de ses unités dernières sont celles qui s'étendent le plus. Nous avons supposé, pour plus de simplicité, que les échanges de mouvement et de force primitive avaient lieu le long d'une ligne droite ; mais en réalité, puisque chaque atome multiple est entouré de tous côtés par d'autres atomes multiples, l'échange du mouvement et de l'énergie a lieu dans chaque direction. Ce que nous appelons effets magnétiques se rapporte plus à la masse entière du corps ; tandis que les effets électriques se manifestent davantage à leurs surfaces. Ces derniers sont engendrés par le mouvement de surface ; les premiers par le mouvement qui influence les atomes de la masse. Mais l'explication de la cause de chacun d'eux n'est en aucune manière différente.

Dans le magnétisme, le mouvement étant plus répandu dans la masse, est plus faible ; mais Faraday a obtenu, dans le magnétisme, l'étincelle magnétique (ou électrique) en augmentant simplement le mouvement dans la masse. Sans augmentation d'intensité de mouvement, le magnétisme n'est relativement à l'électricité, qu'une forme statique des mêmes phénomènes. L'un et l'autre sont respectivement convertibles et tous les deux sont produits par la transmission du mouvement. On peut produire un effet électrique avec beaucoup moins de mouvement qu'un effet magnétique. Ceci est une conséquence naturelle de ce que l'effet est plutôt produit à la surface ; les énergies des atomes étant là plus susceptibles à la transmission du mouvement et s'y prêtant mieux.

On peut définir les phénomènes électriques comme étant des manifestations d'inégalité de distribution de force ou d'énergie primitive, imposées à la surface de la matière par l'inégalité du mouvement atomique. Dans les surfaces séparées de deux· masses, ces manifestations sont les différences d'énergies libres agrégées ou résultant d'énergies affranchies par transmission du mouvement. Celle de la plus grande énergie doit évidemment être la plus intensifiée et avoir une tension plus élevée que l'autre, et doit être plus, ou positive, par rapport à l'autre ; mais on doit se rappeler que ceci n'exprime qu'un degré de force et rien de plus. Si *ces surfaces* étaient mises en contact, les excès de mouvement de l'une passeraient à l'autre ; et par suite, d'atome multiple à atome multiple, successivement, naîtrait l'équilibre de force, de la même manière que nous l'avons expliqué pour la ligne d'atomes, *a, b, c, d*, etc. Naturellement, ce mou-

vement passerait comme un éclair, une étincelle,
devant nos sens — et sans doute, l'idée « d'un
fluide impondérable » passant, est largement
due à cette impression. Nous ne pouvons nous
rendre compte des vibrations des atomes multiples de matière, douées d'une vitesse telle
qu'il s'en forme vingt-trois millions par seconde,
comme dans la production de certaines couleurs ; et pourtant, les vibrations des unités
dernières de chaque atome doivent être beaucoup
plus rapides que celles-ci. Le degré d'expansion
qu'exigent les atomes multiples pour donner
naissance aux manifestations électriques les
plus ordinaires, est sans comparaison minime ;
— et au moyen d'une friction très-légère, de
petits corps légers produisent des mouvements
d'attraction ou de répulsion. Par exemple, dans
la décomposition d'un simple gramme d'eau, ou
la séparation de l'union de l'oxygène avec l'hydrogène, l'énergie vaincue est équivalente à celle
qui est manifestée par huit cent mille décharges
électriques, dont chacune d'elles est représentée par l'électricité fournie en trente tours, d'une
machine électrique puissante. Si une partie de
la surface d'un corps *homogène*, — ou d'un corps
dont les atomes multiples sont pareils, comme
dans la matière élémentale — est soumise à la
friction, il se produit de la chaleur (ou les atomes multiples se meuvent dans de plus grands
arcs), mais puisque les atomes sont semblables,

ce mouvement de chaleur se répand avec rapidité à travers les masses.

Il se produit, sans doute, un léger effet électrique, mais il est totalement dissimulé par le
mouvement de chaleur le plus grand. Dans des
corps *hétérogènes*, les atomes multiples ou molécules sont dissemblables, et s'il y a transmission
de mouvement de chaleur par friction, ce mouvement se répand ou se transporte avec beaucoup plus de difficulté, et les atomes multiples
étant forcés de reprendre, d'une certaine manière,
le mouvement reçu, doivent le faire partiellement,
du moins, par expansion. Ici, dans chaque
atome qui s'étend et dont les unités ont plus de
mouvement, il y a une séparation correspondante d'énergie primitive et le caractère général des phénomènes est l'électricité. Voici un
exemple familier qui confirme ce qui précède:
On peut, quand on a des souliers secs aux
pieds, en glissant sur un tapis et avançant
le doigt, faire jaillir d'un poêle une étincelle
électrique ou allumer le gaz d'un bec qui est
ouvert. Ceci n'est pas seulement du mouvement
transmis au gaz, mais du mouvement d'un
caractère si intense qu'il met les atomes multiples du gaz (si hautement susceptibles au
mouvement) en vibration de chaleur. Pourtant,
le mouvement communiqué au jet de gaz, n'est
pas du mouvement de chaleur, car il ne produit
pas l'effet de la chaleur à la sensation ; —

quoique le mouvement de friction originel, entre les pieds et le tapis, donne naissance à une grande quantité de chaleur. Comme cela a été démontré quand nous avons parlé de la chaleur, c'est une vibration oscillatoire d'atomes multiples qui étend le volume de la masse. Mais ni dans les effets électriques ou magnétiques, le volume de la matière n'est augmenté. On peut magnétiser une barre de fer en la martelant ; — il en résulte de la friction parmi ses atomes multiples et une certaine chaleur ; mais, s'il n'y avait pas d'autre espèce de mouvement excepté du mouvement de chaleur, aucun autre effet ne se manifesterait.

Quelle est donc la nature probable du mouvement produisant des effets électriques et magnétiques ? Il est évident que, quoiqu'il y ait mouvement, c'est quelque chose en dehors du mouvement oscillatoire des atomes dans la chaleur ; et il est de plus évident, que ce mouvement est uni à un développement d'une forme d'énergie différente dans sa manifestation de l'énergie de chaleur. Dans la matière élémentale ou homogène, où les molécules ou atomes multiples sont semblables, la seule autre espèce de mouvement des atomes qui pourrait être engendrée serait un mouvement de leurs unités composées ou dernières, donnant de l'expansion aux molécules ou atomes multiples ; et cela se manifeste soit comme électricité, soit

comme magnétisme. Dans la matière hétérogène,où les molécules associées sont différentes,
et où le mouvement de chaleur est transmis,
soit par la friction ou par le choc d'impact, ou
par la chaleur radiante, ce mouvement ne peut
pas (pour des raisons mécaniques) se répandre
aussi vite qu'il est reçu; il faut, par conséquent, comme il a été dit plus haut, qu'il en
résulte de l'expansion dans les molécules ou
atomes multiples, et une manifestation des effets
électriques ou magnétiques.

L'électricité, en tant qu'effet dynamique, ne
peut être transmise ou communiquée, sans un
médium matériel de contact, pas plus qu'aucune
autre forme de mouvement. « L'expérience a
démontré qu'une certaine portion de la matière,
tout en pouvant être atténuée jusqu'à un certain
point au-delà des limites du calcul, est nécessaire pour la transmission de la décharge électrique ». «De même, l'induction doit être admise
pour des atomes matériels si près l'un de l'autre, au point d'être dans le rayon d'attraction
l'un de l'autre ». « La théorie de Faraday »,
fait observer De la Rive, « est basée sur un principe sûr : que des actions électriques ont lieu
par l'intervention de particules matérielles ; et
c'est ce qui tend à mettre les forces électriques en rapport plus intime avec d'autres
forces naturelles ». Et Grover dit: « L'accumu-
lation graduelle des découvertes marche rapide-

ment vers la théorie dynamique générale dans laquelle se fondra, en dernier ressort, celle des fluides impondérables ».

Il en a été dit assez pour nous convaincre que le sujet complet dépend uniquement des rapports du mouvement et de la force primitive. L'expérience connue d'une boule de moelle de sureau étant alternativement attirée et repoussée par le conducteur principal d'une machine électrique est une répétition, sur une échelle graphique, de ce qui a été décrit comme ayant lieu entre les atomes multiples *a, b, c, d* et *e* ; l'atome *a* ayant le plus grand mouvement, et se communiquant successivement aux autres atomes. La boule de sureau est attirée parce que sa résultante d'énergie libre est moindre que celle du conducteur ; il y a contact, tendance d'égalité de distribution d'énergie ; ensuite répulsion vers une position d'équilibre.

Ceci résulte de ce que la balle abandonne une partie de son mouvement (et une partie de son énergie résultante libre). Elle est alors dans la même condition qu'avant, et elle est conséquemment de nouveau attirée et repoussée, et ce mouvement alternatif peut se continuer indéfiniment. *Tout échange de mouvement et de force primitive*, dans la matière, *a lieu dans la direction de l'énergie la plus développée, vers de la matière de moindre énergie développée ;* et comme l'énergie la plus développée de la force primitive

7

est là où il y a le plus de mouvement, il s'en suit que la direction du changement de mouvement et de force primitive sera toujours la même.

Manifestations magnétiques et leur explication par une seule force primitive.

L'explication généralement admise d'un aimant est « qu'il est composé d'une collection de particules, *dont chacune est magnétique* et douée *des deux espèces de magnétisme*. Dans l'état non magnétisé de la masse, ces forces sont combinées respectivement, et se neutralisent exactement l'une l'autre ; mais quand la masse devient magnétisée, les deux forces sont séparées l'une de l'autre, quoiqu'elles n'abandonnent pas la particule à laquelle elles étaient primitivement associées. Toutes celles qui sont de même nature sont alors disposées dans une seule direction, et toutes celles d'espèce contraire dans l'autre direction ». Il n'y a certes rien d'équivoque ou de douteux dans ce langage. Et la logique montre clairement que dans chaque unité dernière de matière il existe trois énergies inhérentes distinctes, à savoir : deux espèces de force magnétique, et la force d'attraction qui appartient à toute matière ; car le transfert de ces deux forces aux particules est nécessairement leur transfert aux unités dernières de matière dont les particules sont composées.

Si deux espèces de forces avaient une acception plus significative que celle de forces différentes d'intensité, de direction, d'action et de quantité, on l'aurait déclaré ; car c'est là la limite d'une conception ordinaire quelconque de différence de forces. L'explication donnée plus haut veut dire : « chaque particule acquiert ainsi une condition polaire et ajoute sa force inductive à celle de toutes les autres ; la conséquence nécessaire d'un tel arrangement est que les puissances opposées deviennent accumulées aux extrémités opposées de la barre ». En d'autres termes, à l'une des extrémités d'une barre magnétisée sont accumulées des forces attractives et à l'autre extrémité des forces répulsives. Et pourtant c'est étrange à dire, ces deux énergies opposées s'attirent l'une l'autre. Nonobstant cela, une énergie inhérente quelconque doit avoir de la sympathie et de l'association pour sa propre énergie, plus que pour celle d'une espèce opposée ; autrement, elle ne se répandrait pas seulement d'elle-même, mais les puissances opposées reconnues dans chaque particule et dans chaque masse ne se combineraient jamais pour agir ensemble, comme elles agissent sur celles de la même espèce. Si donc il est vrai que les mêmes énergies doivent avoir la même action sympathique, si à une extrémité d'une barre magnétisée sont accumulées les forces attractives, celles-ci devraient attirer à elles les forces attractives de l'extrémité d'une seconde barre magnétisée. Pourtant au lieu de cela, elles attirent l'extrémité opposée ou répulsive. Par conséquent, cette théorie du magnétisme, de l'association réciproque de la même particule de ces deux énergies distinctes, jointes à une troisième énergie attractive, n'est pas seulement inconcevable, mais elle est en elle-même, contradictoire. Mais si nous admettons, comme nous l'avons fait, que toute matière n'est douée que d'une énergie primitive, alors la base des phénomènes magnétiques aussi bien qu'électriques est de l'inégalité du mouvement exprimant, comme elle le fait toujours, une différence nécessaire entre la force primitive libre d'agir; soit entre deux ou plusieurs atomes multiples, ou entre des parties de surfaces ou de masses. En magnétisme, ces différences d'intensité sont, comme dans l'électricité, nommées polarité; et pour éviter désormais toute confusion, nous continuerons à adopter ce terme. La polarité électrique peut être développée dans toutes les substances, de même que la polarité magnétique.

Toutes les propriétés de la polarité électriques et magnétiques qui ont été découvertes indiquent qu'elles sont simplement des degrés de la même forme de développement et amenées

par les mêmes causes : à savoir, un mouvement vibratoire communiqué comme friction ;
par le martelage ; en magnétisant et démagné-
tisant alternativement, comme dans les révolu-
tions rapides d'un moteur qui envoie le long
d'un fil des vibrations extraordinairement rapides ; dans chaque cas, les atomes multiples in-
fluencés s'étendent, en rendant libre une certaine quantité d'énergie. Nous avons déjà
expliqué clairement leur action sous de semblables impulsions et il est donc inutile d'y
revenir ici. Dans les manifestations électriques,
l'action est faible, et naturellement influence le
plus les surfaces, car les surfaces offrent le moins
de résistance au mouvement ; même dans les
manifestations magnétiques ordinaires, elles
ont lieu surtout à la surface. Un mouvement
vibratoire prolongé en grande quantité influe
pourtant, à la fin, sur tous les atomes d'une
masse, et les phénomènes sont alors magnétiques. Le mouvement soit dans les surfaces ou
les masses, soumis à une force incidente, doit
pour des causes variées rencontrer une plus
grande résistance dans certaines parties de
la surface du volume que dans d'autres.
Dans les corps hétérogènes, à cause des éléments constituants qui diffèrent, il doit y avoir
sensiblement une plus grande résistance au
mouvement dans une surface, dans certaines
parties que dans d'autres ; le mouvement doit

pénétrer avec difficulté dans l'intérieur, et être beaucoup plus intense à la surface et apparaître, par conséquent, comme des différences électriques. Le mouvement étant plus grand dans une partie que dans l'autre, il doit y avoir dans cette partie relativement plus d'énergie primitive libre.

La totalité de l'énergie serait une énergie résultante, et elle tendrait à agir dans le sens de la moindre énergie résultante de la portion de moindre mouvement; d'après le principe fondamental de la tendance à l'égalité de distribution de la libre énergie primitive dans la matière. Ces deux résultantes (pour nous conformer à la nomenclature actuelle) peuvent être désignées comme des pôles d'énergie, un pôle *plus* ou d'énergie plus grande et un pôle *moins* ou d'énergie moindre. Précisément, les mêmes effets et par des causes semblables, seraient produits dans une *masse* de matière sujette à une force incidente, — soit homogène ou pas — et il y aurait une résultante plus (+) et une résultante (—) ou pôle d'énergie. La terre elle-même en est un exemple. Dans sa révolution journalière, les forces incidentes de lumière et de chaleur du soleil créent une grande quantité de mouvement dans la partie exposée. Ce mouvement est un mouvement de friction des parties, autant que de forte vibration de ces parties.

Mais par suite de la grande homogénéité des éléments, cette quantité de mouvement journellement imposée, ne peut être transmise immédiatement à d'autres parties et il en résulte non seulement un mouvement oscillatoire d'atomes multiples de chaleur, mais leur mouvement d'expansion, produisant de l'électricité. Et, naturellement, la rotation donne lieu à un courant électrique autour du globe dans les plans perpendiculaires à l'axe, formant ainsi un aimant de toute la terre, avec une résultante plus (+) et un pôle moins (—) d'énergie. Ces pôles, bien entendu, ne coïncident pas et ne pourraient pas nécessairement coïncider avec l'axe de rotation.

Si de grands effets moteurs, soit en électricité ou en magnétisme, étaient jamais produits directement par la chaleur, ce serait probablement au moyen de la chaleur appliquée directement soit aux masses ou aux vapeurs hétérogènes (1). Il en a été dit sans doute, assez pour convaincre que l'hypothèse qui admet dans l'électricité et le magnétisme, une énergie primitive définie et identique en nature dans toutes les

1. Dans un pareil volume des conducteurs métalliques menus doivent s'étendre par ramifications vers une tige principale unique ; de même que dans le corps animal hétérogène, la chaleur provenant de la nourriture est partiellement convertie en effets magnétiques et électriques, lesquels s'amassent dans les canaux nerveux et dans le cerveau.

unités, est au moins rationnelle. L'électricité et le
magnétisme, sont respectivement convertibles
et comme chacune de ces forces est un mode
de mouvement de matière, chacune produira du
mouvement de chaleur et chacune d'elles peut
être causée par la chaleur; et une espèce de mouvement quelconque produisant l'une produira
l'autre. L'action de chacune d'elles suivant une
ligne d'atomes multiples ou molécules est la
même. C'est-à-dire, un mouvement d'expansion
transmis au premier atome; cette expansion dé-
gageant une certaine quantité d'énergie primitive,
l'atome attirant à lui avec intensité son plus
prochain voisin par suite de cette énergie et lui
communiquant son propre mouvement; et celui-
ci, à son tour, répétant la même opération tout
le long de la ligne des atomes; le dernier atome
attirant et se débarrassant de son mouvement
sur une substance contiguë quelconque. Si au
lieu d'une ligne, nous supposons qu'il y ait un
grand nombre de lignes d'atomes, comme dans
un fil conducteur, il y aura une onde de mouvement et d'énergie ; l'onde passant successivement à travers les atomes multiples, et attirant à l'extrémité d'autre matière et se déchar-
geant elle-même, il est possible, avec un grand
choc. La grande quantité d'énergie déplacée
dans le développement de ces deux formes de
force, d'électricité et de magnétisme provient
du dégagement, dans le cours, de grands réser-

voirs de force primitive, qui est douée de tout l'effet d'une onde de fluide impondérable, quoiqu'étant en réalité une onde de mouvement et de force.

CHAPITRE V

De l'énergie chimique et des phénomènes physiques de la force vitale.

C'est à la chimie que revient le privilège de s'occuper des forces et des mouvements des molécules ou atomes multiples qui opèrent sur des formes différentes de matière élémentaire ; ou de matière ayant des propriétés physiques différentes. Notre but se borne à expliquer pour les phénomènes physiques, le principe d'une énergie inhérente dans les unités dernières de toute matière et son mode probable d'action dans les formes chimiques de la force.

De l'observation faite que les molécules d'éléments différents exercent une attraction variable pour des molécules d'autres éléments, dérive l'expression « affinité » qui signifie tendance élective analogue aux préférences et aux aversions d'êtres sensibles. Cette idée a eu une grande prépondérance sur l'esprit, parce qu'on a attribué à chaque forme élémentaire de matière quelque chose de plus que la simple différence de force ; et elle a suggéré une hypothèse entièrement inconcevable, quand on l'applique aux propriétés seules de force connue. En admettant même, par amour de la controverse, que les unités dernières de chaque substance élémentaire soient douées d'une certaine forme de propriété ou d'énergie inconnue à toutes les autres, — et différente de l'intensité et de la direction d'action — telle que l'expriment les mots « affinité élective », nous avons encore à nous occuper d'un caractère fixe dans chaque unité finale de substance, quel que puisse être ce caractère. Et cela étant fait, il serait encore inconcevable d'affirmer que la même unité est investie d'une force capable par elle-même de repousser et d'attirer, ou vice-versa.

Nous sommes forcés de rejeter l'hypothèse de l'occupation de la même unité de matière conjointement par deux ou plusieurs énergies distinctes, dominante d'abord dans l'une et puis dans l'autre ; et nous devons conclure que l'action variable des molécules dans les phénomènes chimiques est une attraction différentielle, provenant de quelque force capable d'agir ou qui en est empêché, parce qu'elle sert à d'autres forces ou à d'autres desseins, de même que dans le cas d'un moteur quelconque. L'action chimique, la chaleur et les courants électro-magnétiques sont respectivement convertibles. L'attraction entre les atomes multiples (molécules) d'éléments différents aura toujours lieu, là où la force primitive non employée des atomes de l'un est plus grande que celle de la force semblable des atomes de l'autre.

Les atomes des éléments s'assimilent avec les états électriques et magnétiques, positifs et négatifs déjà expliqués et présentent les mêmes ordres de phénomènes. Comme il a été dit ailleurs, c'est en raison de la séparation des unités dernières de l'atome multiple que se trouve la force primitive libre d'agir, parce qu'elle est dégagée dans la même proportion d'une force de concentration entre les unités. Puisque les unités dernières de deux éléments quelconques diffèrent en grandeur, l'expansion atomique normale des multiples atomes de chacun est tout-à-fait différente ; et la quantité relative d'énergie primitive des atomes, libre d'agir au dehors est différente. Il suit de là que les atomes multiples d'un élément peuvent présenter un état négatif eu égard à un état positif de ceux de l'autre. Si ces atomes étaient à la portée de l'influence l'un de l'autre, (les deux éléments étant naturellement désagrégés, ou dans un état de dissolution), la tendance de l'échange de mouvement et d'union entre eux, est toutes choses étant égales, en raison de la différence des énergies libres primitives. Si les atomes (libres d'agir) de trois éléments ou plus, sont mis sous l'influence l'un de l'autre, la tendance à s'unir est la plus vive, entre les deux dont la différence atomique de force primitive

libre est la plus grande ; quoique des degrés
de mouvement, produits par la chaleur, puissent
différer tant qu'ils déterminent une union dans
d'autres directions. Puisque l'énergie primitive
libre d'un atome multiple est plus grande en
raison de son expansion, les atomes des grandes
unités auront relativement moins d'énergie
libre que ceux des petites unités.

C'est pourquoi, toutes choses étant égales, les
substances qui sont aux extrémités de l'échelle
des densités et de la gravité spécifique doivent
s'unir avec rapidité. Mais ici, la différence mécanique de la vibration de leurs atomes multiples
peut empêcher l'union, comme dans le cas de
l'hydrogène et des métaux. Entre d'autres éléments, le lien chimique d'union peut être très-
faible et une légère agitation, comme un mouvement de chaleur limité les sépare sans difficulté.
On doit se rappeler que l'échange du mouvement a toujours lieu dans le sens de la moindre
résistance ; et pour cette raison seule, comme
on peut le voir facilement, l'échange entre les
atomes multiples sera bien loin d'être toujours
le plus actif, entre ceux dont les unités dernières
sont les plus grandes et ceux des unités qui sont
les plus petites. Nous avons parlé d'énergie chimique comme d'une attraction différentielle ;
attraction, de différents degrés d'intensité entre
les atomes de différents éléments. La cause
d'attraction, manifestée entre les atomes de cer-

tains éléments et d'indifférence entre ceux d'autres
a été partiellement prévue. Entre les atomes de
deux éléments dont les énergies atomiques primitives libres seraient à peu près égales, il n'y
aurait pas d'union; au contraire, il pourrait y
avoir répulsion mutuelle, si les atomes des deux
éléments sont séparés par une cause quelconque; un tel état d'atomes correspondant à un
état « positif » intense; la répulsion étant due
à la corrélation de la quantité de mouvement
des unités des atomes et leur égalité dans l'énergie libre. De même, une forme de répulsion
due à un mouvement excessif pourrait survenir
dans le mélange mutuel d'atomes dissemblables,
inégaux dans leur développement d'énergie primitive. Car, l'échange dans ce cas serait très-
énergique, presque instantané; et tout l'effet du
mouvement étant engendré presque simultanément, le résultat serait une manifestation de
grande énergie, même d'explosion. Considérant
les atomes de la plus grande force libre comme
« positifs », et ceux de moindre force comme
« négatifs », nous avons pour toutes les combinaisons, l'explication des phénomènes chimiques
d'après le principe le plus simple, semblable
sous tous les rapports à ceux des manifestations
électriques et magnétiques. L'atome négatif pro-
voque d'une manière passive l'échange au même
degré que l'atome positif le sollicite; toutes les
fois que les atomes subissent l'influence l'un de

l'autre. Ici on constate des états opposés ; réciprocité d'action égale et dans des directions opposées ; union des atomes, et une neutralisation réciproque par l'échange de mouvement.

L'union sera permanente dans le cas où les différences naturelles de grandeur des unités et de leur mouvement avec leurs énergies libres le permet.

La transmission des vibrations des unités d'atomes et leur échange de mouvement et d'énergie primitive d'atome à atome, comprennent les phénomènes d'électricité dynamique, par l'action chimique. Supposons que nous ayons une batterie toute disposée ; l'échange respectif part du métal le plus oxydable et il traverse le liquide pour aller vers le moins oxydable, qui agit comme une plaque conductrice et de laquelle peut s'étendre un fil conducteur de longueur indéfinie. La quantité d'énergie est en raison de l'action chimique, la direction du courant dépendant de la direction de l'action chimique. Admettant maintenant une seule ligne d'atomes semblables, l'un d'eux placé à l'extrémité de la ligne reçoit l'échange réciproque du mouvement d'un atome différent de lui-même et ayant relativement plus de mouvement et d'énergie libre ; cet atome s'élance contre l'atome de l'extrémité, donnant lieu à un mouvement de ses unités dernières par l'échange et développant sa force pri-

mitive ; celui-ci, à son tour, établit un échange
de la même manière avec son voisin le plus
proche de la ligne matérielle, avec lequel le
rapport dans le sens du mouvement et de force
primitive libre est positif. Chaque atome frappe
de même l'atome le plus proche suivant, dans
toute la longueur de la ligne, et une onde de
mouvement passe accompagnée par ce qui est
dans son effet final, équivalent à une onde
d'énergie primitive libre, laquelle en arrivant
au dernier atome de la ligne est prête à établir
un échange plus loin, ou à se manifester vigou-
reusement comme un puissant agent d'attraction.
Évidemment, dans cette onde primitive ou pion-
nière l'échange ne peut être que partiel. Il est probablement suivi immédiatement par d'autres et
ceux-ci encore par d'autres ; jusqu'à ce que l'équilibre dans l'échange soit établi. Chaque atome
après un échange respectif avec l'atome suivant
le repousse et est lui-même repoussé, car tous
les deux sont, par rapport l'un à l'autre, alors
« positifs », eu égard au mouvement et à la force
primitive également développée. Cette action
donne naissance à un petit courant contraire.

Dans l'échange de mouvement et d'énergie
attractive, on trouve l'explication de l'énergie
naissante de la matière si prononcée dans l'action chimique ; car l'énergie d'un atome est
proportionnée à sa force primitive libre, et
celle-ci atteint naturellement son apogée,

quand elle est dégagée le plus, ce qui a lieu
par l'expansion de l'atome ; et cette expansion
sera la plus grande quand les unités dernières
auront le plus de mouvement ; c'est-à-dire
immédiatement après que le mouvement leur
est imprimé par l'action chimique. La chimie
nous fait connaître l'immense quantité de force
primitive qui est agglomérée dans l'union des
atomes en une masse, de même que celle requise pour les séparer. Par exemple, si la quantité de mouvement de chaleur nécessaire pour
soulever une livre d'eau à un degré de température, était appliquée mécaniquement, elle
ferait monter sept cent et soixante-dix livres à
un pied de haut. Le point de fusion du fer est
un peu moins que trois mille degrés Fahrenheit.
Combien donc est grand l'équivalent mécanique
du mouvement de chaleur indispensable pour
fondre une livre de fer !

Ces forces agglomérées dans la matière sont
latentes pour nos sens et sont employées pour
tenir solidement ensemble la substance. La séparation de la substance dans ses atomes multiples, en leur communiquant plus que le mouvement normal, est le dégagement d'une grande
énergie ; et l'expansion de ces atomes, en accor-
dant un mouvement plus grand à leurs unités
dernières, dégage une autre quantité d'énergie
égale à la force consommée en donnant à leurs
unités un plus grand mouvement d'expansion.

Phénomènes physiques de la force vitale.

Notre but n'est pas d'étudier le problème des phénomènes organiques au-delà des limites de leurs rapports généraux avec d'autres modes de mouvement, et de leur manifestation de force primitive. Ici, comme dans d'autres formes d'énergie physique, nous ne concédons à la matière qu'une seule énergie inhérente ; et nous admettons que les unités dernières de la substance ne diffèrent, dans chaque élément, qu'en grandeur.

L'action chimique est le point de départ des éléments homogènes vers l'hétérogénéité ; ces éléments, on s'en souvient, se sont mécaniquement séparés dans le refroidissement de la matière universellement diffuse. De l'action chimique pour ces modes de mouvement de matière et de développement d'énergie primitive qui sont favorables à l'action de la force vitale, la matière atteint des conditions d'hétérogénéité d'un degré excessif. Des molécules fortement complexes, composées d'atomes de plusieurs éléments différents dérivés, peut-être de degrés doubles, triples, quadruples et plus élevés d'union chimique, en se séparant, nous donnent la première notion de l'immensité de l'énergie dans la matière.

Les phénomènes physiques de la force vitale sont les incessantes dissolutions et reconstitutions d'union hautement complexes ; la force primitive étant ici continuellement dégagée, rendue continue dans son cours et économisée ; ainsi que dans une machine magnétique, il se produit un effet continuel qui magnétise et démagnétise. Le chemin de la vie organique est préparé par l'action chimique dans la création de la grande hétérogénéité de matière et de la rapidité qui résulte de son échange d'énergie. Et réciproquement, aucune vie ne peut être commencée dans la matière, à moins que ces conditions ne soient produites : sans ces transformations incommensurablement rapides, les conditions de vie sont défavorables, et dans les manifestations de la vie, l'activité organique restera stationnaire, en proportion de leur retard.

L'action libre de la force primitive, est le *trait caractéristique de la force de vie.* L'action chimique est aidée par le mouvement de chaleur et de lumière, et par le mouvement électrique et magnétique ; toutes deux rendent la matière hétérogène, la pulvérisent et l'entremêlent. Elles préparent la voie du principe de vie latent, lequel de même que la vie dans la semence est dormant, et reste tel jusqu'à ce que les conditions lui permettent d'agir. Quand il agit, les fonctions de ces mouvements sont de détruire,

à mesure que la force de vie reconstruit. Il y a
peu de personnes, même parmi celles qui accep-
tent la loi universelle comme étant la méthode
de l'univers, qui soient disposées à admettre
que l'activité vitale est une résultante qui
dérive des autres propriétés physiques de la
matière. La création directe des formes organiques dans la plupart des esprits, et pour d'autres, leur modification par des conditions envi-
ronnantes, est une solution satisfaisante de la
question, quant à la manière suivant laquelle la
vie organique est apparue ; l'énergie vitale étant
supposée être une qualité de force spécialement
conférée pour un certain but. D'autres penseurs,
accoutumés à avoir affaire à l'expérience et aux
lois, sont partagés entre la théorie des germes
et celle de la spontanéité de la vie sous des
conditions de lois. Les questions théologiques
ordinaires, se présentant sans cesse, occupent
une place proéminente dans beaucoup d'esprits
qui tiennent tout le reste pour subordonné,
comme si la dignité et la grandeur de l'Etre
Infini étaient en jeu. En mettant de côté l'élément du temps, la controverse peut se résoudre
de deux manières : l'une de loi, absolument
invariable, par l'œuvre persistante de laquelle
la vie organique est un développement possible
de la nature de la force et de la matière, comme
elles existent à présent. En d'autres mots, telles
qu'elles sont faites, elles sont des quantités et

complètes en elles-mêmes, suffisantes pour
accomplir toutes les possibilités de la nature.
L'autre question est celle des manifestations
imposées de temps en temps sur l'œuvre de la
matière par l'intervention divine.

A l'un et à l'autre point de vue, il n'y a rien
d'inconsistant avec l'admission d'une intelligence
co-éternelle, absolue ; et la difficulté théologi-
que surgit quand chaque classe de défenseurs
cherche à adapter la doctrine scientifique d'au-
trui à sa propre théologie. Le partisan le plus
fervent de l'idée que la force vitale est une énergie indépendante osera à peine soutenir que son
existence est possible à moins d'être inhérente.
Cela n'est pas seulement inconcevable, mais si
une pareille existence était possible, elle serait
la plupart du temps sans but. Si c'était une propriété fixe de la matière, elle existerait dans
toute espèce de matière ; car tous ou presque
tous les éléments connus peuvent être assimilés
dans l'économie organique, comme des facteurs
utiles. La seule recherche qui reste a rapport
au temps, où la matière a été douée de cette
énergie distincte supposée. Est-ce une qualité
donnée à la matière, en proportion des deman-
des de l'organisme, comme l'indique sa croissance ?

S'il en est ainsi, toute loi comme toute prévision cesse d'être ; car il ne pourrait plus y
avoir d'assertion complète d'interposition, ni de

négation plus convaincante des vérités d'observation journalière.

Enfin, alors, la force vitale est-elle introduite pour la première fois quand les conditions géologiques sont favorables au développement de la vie organique, comme des germes organiques ? Cette idée est celle qui implique l'augmentation des forces primordiales et de leurs changements continuels, aussi radicaux quoique plus rares que dans la dernière supposition, et elle bouleverse l'œuvre de la loi, puisque les énergies de la matière sont, comme nous l'entendons, fixes, et quelles qu'elles soient, continuent d'être ; au moins, jusqu'à ce que la matière sous des fonctions existantes de force et de mouvement soit de nouveau diffuse dans ses unités dernières ; ou jusqu'à ce qu'elle arrête toute possibilité de vie dans des concentrations sidérales, incom-mensurables en grandeur et solidifiées. (Voir au chapitre de la matière). Si les conclusions précédentes sont justes, il y a lieu d'admettre que toutes les formes de la force dérivent d'une forme et d'une qualité préexistante ; et que tou-tes les formes de matière, organique ou non, sont potentielles quelque part dans la nature de leurs propres énergies. A ce point de vue, l'œuvre de l'organisation de la matière et la progression croissante des formes de vie sous la direction omnipotente, ne sont pas plus incon-sistantes avec la loi, que ne le sont son intelli-

gence co-existante et sa sympathie avec toutes
ses lois et ses manifestations de lois, ailleurs
dans l'univers. En admettant donc que la forme
inhérente de la matière est immuable, que
remarquons-nous dans le développement de la
structure organique ainsi que dans la vitalité
de cette structure ? Est-ce une énergie distincte
jusqu'alors restée impassible ? S'il en est ainsi,
nous devons reconnaître dans la matière l'association d'une autre espèce de force qu'il faut
ajouter à la diversité des formes des forces que
la doctrine dominante lui a concédée. Il n'y a
donc pas d'alternative, si ce n'est d'admettre que
la force de vie potentielle est *une qualité exis-*
tant primordialement dans la nature même de la
force primitive elle-même, et qu'elle est aussi
bien une partie de sa nature que ne l'est sa disposition à attirer d'autres forces dont elle est
séparée, dans la désunion des unités et des masses. Si tel était le cas, alors, dans les formes
organiques ce que nous constatons est une manifestation de la qualité de vie, de l'énergie primitive de la matière, unie aux affections physiques de lumière, de chaleur, de magnétisme,
d'électricité et d'action chimique, qui sont les
mêmes modes d'énergie physique et mécanique,
persistantes dans leur œuvre, et de la même
manière que nous les avons vues agir dans la
substance inorganique. De sorte que tout ce qui
est nécessaire est la *structure*, capable de rece-

voir, de diriger et de convertir ces forces en auxi-
liaires, dans l'assimilation de la matière étrangère. Le développement définitif de la structure
est commencé et s'accroît par la force de vie.

Naturellement, l'être le plus confiant pourrait
à peine espérer retrouver, dans les formes organiques, ces forces physiques variées dans leurs
équivalents exacts comme des résultats vitaux.
Pourtant, quelque chose a été fait dans ce sens
même, pour montrer que le progrès de la forme
de la vie est largement secondé par elles.

Comme il a été dit plus haut, l'action chimique aide à détruire et à enlever la structure de
vie qui n'est plus nécessaire. Le mouvement de
chaleur et de lumière favorise l'échange rapide
de la force.

« Liebig, en mesurant la quantité d'action
chimique produite par la digestion et la respiration, et la comparant au travail exécuté a jusqu'à un certain point établi des relations équi-
valentes ». « M. Helmholtz a trouvé que les
changements chimiques qui ont lieu dans les
muscles, sont plus grands quand ils sont produits par des contractions, qu'à l'état de repos ;
et que la consommation de la matière des muscles, ou en d'autres termes, la matière excré-
mentielle rejetée est plus grande dans le premier
cas que dans le dernier ». M. Matteucci affir-
mait que les muscles des grenouilles récemment
tuées absorbent l'oxygène et dégagent l'acide

carbonique, et que quand ils exécutent un travail mécanique, l'absorption, est augmentée ; et il a évalué les équivalents du travail ainsi exécuté ».

Le mouvement électrique peut, comme on le sait, aider grandement à rétablir l'animation suspendue. Et là même où la vitalité a cessé, les échanges et les ondes de force qui suivent les canaux nerveux, peuvent produire jusqu'à un certain degré la similitude du mouvement de vie.

La cause de la chaleur de la plante est dans une certaine mesure chimique ; et de la chaleur animale, les dix-neuf vingtièmes le sont de même. Aucun corps vivant ne peut engendrer la force ; il ne peut que convertir la force emmagasinée provenant principalement de la nourriture. La force de l'organisme animal dérive de l'organisme végétal et celui-ci à son tour du minéral, au moyen de modes chimiques et autres de réduction et d'échange.

Dans l'effort que fait chaque organe, la force est consommée et certaines parties sont perdues et dissoutes ; on peut suivre dans chaque mouvement la trace de l'action des lois applicable à une combinaison mécanique quelconque, des degrés définis de changement étant liés avec une consommation de force mesurable. L'échange organique est à son maximum dans le sens du mouvement le plus grand ; et de même que

tout autre mouvement il suit la voie de la moindre résistance. Et comme celui-ci est le chemin du moindre mouvement, l'échange organique a lieu des points du mouvement vers ceux
de moindre mouvement. M. Herbert Spencer a
dit : « Dans le cas de croissance organique, la
ligne de mouvement est rigoureusement la résultante des forces de traction et de résistance....
Les formes des plantes sont modifiées d'une
manière manifeste par la gravitation, et chaque
fleur comme chaque feuille, est quelque peu
altérée dans le cours de son développement par
le poids des parties... Considérée d'un point de
vue dynamique, la sélection naturelle est l'évolution de la vie suivant les lignes de moindre
résistance. La multiplication d'une plante ou
d'un animal quelconque, dans des lieux favorables, est une croissance là où les forces antagonistes sont moindres qu'ailleurs. Et la conservation des variétés qui réussissent mieux que
leurs alliés est la continuation du mouvement
vital, dans les directions où il y a le moins d'obstacles.

Le génie de Spencer, le premier, fit voir que
le rhythme est un point caractéristique de tout
mouvement. Ce fait qui revient momentané-
ment, toujours présent à la conscience, n'avait
pas jusqu'alors réussi à attirer l'attention de la
conscience. Comme le maintien d'un état mental unique serait l'inconscience, de même, la

conservation de l'énergie organique, dans un sens déterminé, produirait la stagnation de la vie organique dans d'autres directions. Des agitations incessantes, l'échange rhythmique ou vibratoire produisent, dans toutes les directions, la plus forte résultante dans la vitalité.

Le rhythme du mouvement est l'inévitable conséquence du mouvement vibratoire atomique et d'unité de mouvement. Et, dans ces directions, se trouve l'exercice de la plus grande énergie primitive, et par conséquent, la plus favorable occasion pour la production de la force de vie. Il existe partout des rapports parfaits entre ces énergies favorisant les conditions pour l'apparition de la force de vie, et ces modes de mouvement nommés phénomènes physiques de la matière.

Il existe d'autres voies d'échange organique de force primitive et de mouvement électrique dans la nature. Le système de respiration fournit les 19/20 de la chaleur animale. Mais nous savons que des intermissions dans la transmission uniforme du mouvement de chaleur dans un corps hétérogène produisent un mouvement électrique, et que si ces échanges sont continués longtemps, ils établiront pour eux-mêmes des voies de mouvement, dans le sens de la moindre résistance.

Dans l'organisme animal, donc, le mouvement de chaleur est constamment transformé en mouvement électrique, et ce mouvement s'établit lui-même suivant des voies déterminées. Le système nerveux offre dans sa nature, dans sa structure et par l'expérience, de fortes preuves présomptives qu'il embrasse les principaux canaux du transport des modes électriques du mouvement. Il unit tout le système animal par la rapidité d'assimilation dans une unité d'effort, et les ramifications de ses canaux sont, sous tous les rapports, co-extensives avec la distribution de la chaleur animale.

Dans le torpedo ou le poisson électrique, l'électricité se développe le plus là où les nerfs entrent dans l'organe électrique. C'est un trait caractéristique de la matière dans la vie organique, qu'elle acquiert un accroissement de liberté de mouvement et d'intensité importante d'action, quand la matière passe à des états d'hétérogénéité de ceux d'homogénéité, l'instabilité de l'association étant mesurée au degré d'hétérogénéité. La minutieuse association des atomes multiples dans les masses emmagasine la force primitive de la matière ; mais suivant le plus ou le moins de liberté que ces atomes ont de se mouvoir, leur énergie et leur action deviennent individuelles, leur force primitive libre, et susceptible de devenir économisée et employée pour un but déterminé.

La matière, par l'œuvre de ses propriétés physiques ou modes de mouvement, s'élève de

l'élémental au degré composé ; de là au végétal, puis à l'animal, en hétérogénéité progressive. L'aliment de vie végétale est inorganique,
celui de vie animale est organique. Et l'activité
dans chacune d'elles est en proportion de l'hétérogénéité de la substance fournie. Depuis la
simple structure cellulaire, du premier et du
plus humble type de vie jusqu'à l'organisme
compliqué de l'homme, il y a un grand espace
de temps et de changement multiples ; mais,
en contemplant cette longue étendue de développement, qui peut douter de la grandeur de
l'admirable force, conférée à la matière pouvant
accomplir ensemble la volonté de l'Omnipotent
au moyen de l'œuvre patiente et propice de la
loi. Assurément, l'Infini n'est pas amoindri par
l'estimation de ses méthodes de loi au lieu de la
personnalité. L'immutabilité est un attribut de
la perfection, la mutabilité est celui de l'imperfection.

Dans l'œuvre de la nature, il y a quatre surfaces planes d'existence matérielle qu'on peut
considérer comme étant superposées l'une au-
dessus de l'autre... La première et la plus inférieure est la surface de l'existence élémentaire ;
la deuxième est celle du règne minéral ; la
troisième celle de la vie végétale et la quatrième de vie animale.

La matière élémentale est dissoute et élevée
de la première à la deuxième surface par l'ac-

tion chimique ; et c'est un droit conféré à l'activité végétale d'élever la matière de la deuxième surface à la troisième ; et finalement, la matière est élevée plus haut encore jusqu'à la quatrième surface par la force de la vie animale. L'élévation de la matière d'une sphère à une autre et son maintien dans la nouvelle exige une plus grande dépense d'énergie que pour celle qui précède.

Les forces de la nature, de même que la matière, peuvent être divisées en groupes distincts d'une manière analogue, l'un au-dessus de l'autre ; en forces physiques, chimiques et vitales ; et la conversion de la force physique en vitale semble impossible, sans passer par la condition intermédiaire de la force chimique. La matière élémentale unie à la force est par ce moyen élevée jusqu'à la seconde sphère et tout naturellement existe là. La troisième surface est alimentée par la deuxième et la quatrième par la troisième.

Il est évident que la plus grande quantité de matière se trouve dans la seconde sphère et la plus petite dans la quatrième. Pourtant, il n'en est pas de même pour l'intensité de la force ou d'énergie libre. Celle-ci est plus grande dans la quatrième et plus petite dans la première sphère. Et par suite, en se basant sur l'analogie qui existe entre la matière et les forces physiques, chimiques, végétales et animales, il existe

selon toute probabilité, une cinquième sphère
d'une intensité de force plus grande encore et
de matière plus petite, très subtile en nature ;
une sphère de force mentale, de pensée, de
conscience.

L'intensité de la force sur les différentes surfaces est une énergie maintenue par les forces
incidentes de la lumière et de la chaleur, et de
ce que le mouvement communique. Cette liberté
de mouvement signifie une plus grande diffusion
d'atomes et une plus grande vigueur d'action
individuelle ; car, dans la séparation des atomes multiples d'un système quelconque, les
forces sont dégagées et, comme elles agissent
comme des unités, elles s'emparent des atomes
vers lesquels elles peuvent être poussées avec
grande énergie. Chaque groupe d'activité tire
sa vigueur des changements différentiels se
répétant plusieurs fois, en s'élevant de la sphère
de substance élémentale ; et l'énergie anatomi-
que de chaque groupe augmente en proportion
de son éloignement de cette sphère. Bref, la
force-unité est rendue libre par une hétérogénéité croissante et par la dissemblance de mouvement ; le mouvement de la matière ayant
toujours lieu de l'état d'homogénéité à celui
d'hétérogénéité.

L'état actuel d'agrégation de la matière sur
notre planète est dû au mouvement de chaleur ; celui-ci était à son apogée quand la terre

était à l'état de vapeur, et il sera à son périgée
quand notre globe se sera refroidi et aura acquis
l'état de solidité de la lune. On peut s'assurer
que les limites de possibilité de vie relativement
à la durée du temps sont très-étroites. D'abord
est venue la période de refroidissement et la
période élémentale de ségrégation. Ensuite, la
période préparatoire d'une action chimique très-
forte et d'une immense durée. La puissance de
vie de la matière a commencé d'abord son œuvre dans la sphère végétale, et elle s'est conti-
nuée rapidement et régulièrement suivant un
ordre déterminé, successif et ininterrompu jusqu'à la vie organique la plus haute représentée
aujourd'hui par l'homme. Elle a été pleine de
force, persistante, variant ses formes de vie pour
s'adapter à des conditions géologiques chan-
geantes, pourtant s'avançant avec sûreté vers des
types de plus en plus élevés. Il n'y a rien eu de
spasmodique, ni de fortuit, mais c'est une œuvre
régulière, une force de vie innée dans la matière, poursuivant son travail, sans dévier, vers
un but suprême, — vers le développement du
haut pouvoir spirituel de l'homme.

Les fonctions des forces de vie sont d'édifier;
celles des forces chimiques sont de détruire. Les
composés de la vie organique sont instables et
peuvent se résoudre; en réalité, les transformations incessantes et rapides de composition et
de dissolution sont l'essence même et les bases

de la structure de la vie. Comme la sphère de la
vie succède à la sphère des composés chimiques,
l'œuvre de la vie en construisant à l'aide de l'action structurale, de la surface chimique de la
matière, doit vaincre l'énergie chimique; — doit
résoudre les unions chimiques et former d'autres combinaisons souvent plus faibles.

Or, supposons qu'il y ait eu originellement
dans le monde, à l'époque la plus reculée, indéfiniment éloignée des temps actuels, quelques
germes primordiaux, ou même une simple semence de vie, doués du pouvoir de développement, de différentiation et d'adaptation au milieu
ambiant, et que de ces germes toutes les formes
vivantes soient issues. Admettons de plus, que
chacun de ces germes contienne en lui-même
une forme spéciale d'énergie n'appartenant à
aucune forme de matière de la sphère chimique
ou purement élémentale ; observons ensuite l'action produite sous des conditions favorables d'un
quelconque de ces germes, dans son œuvre de
développement et de croissance. La première
opération est la dissolution et le changement
chimique. Puis vient la construction par absorption et l'agrandissement par l'assimilation de
la matière grossière ne faisant pas originellement partie du germe. Cette expansion se poursuit en s'appropriant et absorbant des produits
étrangers, s'assimilant quelques éléments de ces
produits et en rejetant d'autres ; en d'autres
termes, c'est une opération qui subjugue sans

cesse les combinaisons chimiques de ces produits et forme des combinaisons organiques ou vitales entièrement différentes. Mais dans chaque cas de prépondérance de force chimique, il faut qu'il y ait une dépense correspondante de force de vie. Or, comme la somme de vie primitive existant dans le germe était définie et excessivement menue, en comparaison de l'immense quantité d'énergie vitale dépensée dans la croissance d'une plante jusqu'à sa maturité, on se demande de quelle source peut venir cette immense quantité de pouvoir vital, si elle n'est pas contenue comme une propriété dans toutes les unités dernières de la matière, latente peut-être, jusqu'à ce que des conditions favorables apparaissent pour son action ? Est-ce un don fait à *toute la matière* d'une grande vie ambiante spirituelle, ou n'est-ce qu'une *force résultant* des propriétés physiques de la matière, telles que la lumière, la chaleur, l'action chimique, électrique et magnétique dont toutes ne sont que des modes de mouvement ? Si c'est cette dernière, ces propriétés sont alors la vie ! Elles forment toute vie organique et toute croissance.

Elles constituent l'individualité animale et communiquent la sensation, le sentiment intérieur et la force de pensée. S'il en est ainsi, la matière est elle-même un centre où la pensée se crée ; elle réfléchit, agit et prévoit. Elle est éminemment intelligente et toute puissante, puisqu'elle ne pourrait communiquer la conscience et la pensée, à moins qu'elle n'en soit douée ; autrement, il en résulterait que *quelque chose* est *issu de rien*.

Les agents de la nature sont respectivement convertibles et aucune forme de puissance ne peut faire son apparition dans la nature sans une dépense équivalente de quelque autre force, médiate ou immédiate. Et depuis toute éternité, il ne s'en est effectuée aucune; aucune n'a existé.

Qui donc peut affirmer que ces forces préservatrices de la vie, la perpétuant dans une succession d'ordres, et la modifiant sans cesse en conditions physiques, sont incapables d'un mouvement primitif si simple que celui de donner naissance à un mouvement qui dépend d'une simple cellule-germe ?

Quel est celui qui, passant en revue la longue série de développements des formes les plus basses de la vie végétale aux formes les plus élevées de la vie animale, et y reconnaissant l'augmentation de la force du germe dans l'animal développé, peut limiter la puissance potentielle de la matière ?

Les conceptions de l'Absolu sont inaccessibles. Nous ne pouvons comprendre que la succession. Quant aux causes premières ou dernières, notre esprit ne peut les saisir. Le commencement et la fin ne peuvent jamais être pour nous moins distants, moins étendus, moins grands.

Chaque forme de pensée est limitée par l'intermédiaire, le relatif. La nature dernière de la force primitive ou de la matière ne sera jamais connue. Mais la coexistence est intelligible. En considérant l'harmonie de la nature, nous y apercevons une Intelligence qui préside et exprime ses œuvres avec simplicité, et qui gouverne par l'unité de la loi, au moyen de laquelle la matière élémentale devient de la vitalité animée.

CHAPITRE VI

Evidence de l'Esprit Universel basée sur le monde de la matière et de la force.

Dans nos recherches sur la matière et la force, nous nous sommes préoccupés du soin de les dégager de l'occulte et du mystérieux. D'après l'analyse que nous en avons faite, nous avons trouvé de la substance, réelle, et composée d'unités dernières ; de la force dynamique représentée par du mouvement ; et de la force inhérente représentée dans sa forme agrégée par la puissance attractive de la matière. Si la science dans sa marche progressive obstinément inconsciente, enlève sans pitié et d'un seul coup, les soutiens du miraculeux et détruit les doctrines de l'agence spéciale, en leur substituant la loi qui ne dévie pas, elle détruit aussi impitoyablement d'un nouvel effort, ceux qu'invoque le vil matérialisme qui dit : « Nous ne connaissons pas toutes les forces de la matière, sa nature magique et spirituelle, et sa vie éternelle » ; et qui prétend qu'un atome et le mouvement expliquent tout ; que la vie universelle en est le produit ; et que « les lois ne sont que les rapports

9

des choses qui existent de nécessité». L'examen
de la force et de la matière nous donne au moins
la satisfaction que, par son secours, nous sommes
plus à même de juger si leurs forces physiques
sont toutes suffisantes, comme forces physiques,
pour produire la vie, la conscience de soi et la
raison ; ou si cette force inhérente est dans les
changements physiques et dans les phénomènes,
mais sans laquelle la vie est impossible. Nous
n'avons pas la fatuité de supposer que la théorie d'une force unique du mode de production
des propriétés physiques de la matière, dont
nous avons parlé, soit ou la plus correcte ou la
plus probable. Nous ne l'avons mentionnée que
comme une *méthode possible* de leur production.

Mais quelle que puisse être la méthode, il
est certain qu'elle est très-simple, et comme la
forme de mouvement d'un quelconque de ces
phénomènes peut prendre celle d'un autre quelconque ; de plus, comme la force inhérente de
la matière qui en produit une, en produira d'autres, on peut facilement admettre l'unité de
force. *Chacune* de ces propriétés de la matière
est *une simple force physique*, mécanique dans
son effet et dans son action ; et son mode de
mouvement est toujours le même ; elle a toujours
la même méthode d'opérer et jamais d'autre, de
même qu'une machine ; par conséquent, l'action
unie de ces phénomènes physiques produira un

simple effet mécanique et aucun autre. Il est donc de plus en plus surprenant d'admettre que la matière et la force représentées par son mouvement, auraient été investies du pouvoir de produire la vie, la conscience et la raison.

Jusqu'à une date comparativement récente, les forces de la matière étaient enveloppées de mystère et supposées être des qualités cachées contribuant dans une vaste mesure aux présomptions de l'ignorance et de ses possibilités. Quant à l'unité de force et de matière, nous nous référons à divers auteurs pour montrer le bien-fondé des opinions qui la concernent. « L'existence d'une seule force élémentaire de substance, de laquelle dérivent par la différentiation, la transformation et l'ajustement des proportions, toutes les variétés et les propriétés de la matière, est une hypothèse de laquelle la science moderne tend à nous rapprocher, en apportant un nouvel accroissement de connaissances ». « L'unité des forces physiques est le point sur lequel la science tient les yeux fixés. Il a déjà été démontré que la chaleur, la lumière, l'électricité, le magnétisme, l'attraction chimique sont des manifestations d'une seule et même puissance agissant à travers la matière. Que toutes ces forces soient susceptibles d'être transformées en mouvement et d'être reproduites par le mouvement, est maintenant quelque chose de plus qu'une hypothèse. De là suit que tous les phénomènes phy-

siques sont doués d'un et du même agent pri-
mordial qui est le générateur originel ». Le duc
d'Argyll a dit : « La science dans la doctrine
moderne de la conservation de l'énergie, et la
convertibilité des forces, a déjà trouvé un ferme
appui dans l'idée, que toutes les espèces de force
ne sont que des formes de manifestations d'une
force centrale unique émanant d'une seule source
première de puissance. »

« La réduction de toutes les formes vivantes
à l'unité, c'est-à-dire à la cellule, est un indice
que l'agent vital est lui-même une forme de la
force primitive, et c'est ainsi que la physiologie
aboutit à l'unité au moyen de la morphologie.
Et cette réduction des organes à l'unité est vraie
pour les plantes aussi bien que pour les animaux. » Le matérialiste qui nie toute cause
spirituelle est donc forcé d'expliquer la production de la vie, de la conscience et de la pensée
par les *modes de mouvement,* ou par les manifestations physiques de la matière pour lesquelles
ni l'observation, ni l'expérience n'ont démontré
la plus petite évidence. Aucune de ces forces
séparées n'est douée du caractère de la force
de vie ; et il n'y a aucune raison de supposer
que leur action unie puisse faire naître des qualités et des propriétés non contenues dans les
parties constituantes.

La force de vie n'a jamais évolué du laboratoire, malgré les études et les efforts les plus

persistants. Le plus léger signe de forme jamais
n'a fait son apparition ; encore moins la puissance qui domine la structure se présentant
elle-même comme force de vie. En niant Dieu,
le matérialiste déclare que la vie procède de la
matière et du mouvement. Il ne prouve ni que
cela est possible, ni qu'il n'y a point de Dieu.
Nous croyons aux avantages que procure la
science à l'humanité, et quelle qu'en soit la
source, nous accueillons ses vérités. Et nous
croyons que ces vérités conduisent, comme
elles l'ont toujours fait d'une manière absolue,
aux conceptions les plus rationnelles, les plus
élevées et les plus fondamentales d'un Être
Infini, souverainement bon.

Considérant donc, comme non justifiée, la supposition que les manifestations physiques de
force sont suffisantes en elles-mêmes, soit pour
faire naître ou entretenir la vie, nous allons examiner s'il existe une évidence quelconque d'une
intelligence qui gouverne tout, d'un pouvoir
spirituel duquel la force inhérente de la matière
tire sa qualité productrice vitale ou spirituelle.
On ne peut refuser d'admettre que la loi caractéristique de la force inhérente de la matière ne
soit celle qui varie en intensité d'effort, en raison directe de la masse et en raison inverse du
carré des distances. Si nous prétendons qu'il n'y
a ni Esprit Universel ni direction intelligente
dans l'univers, que rien n'existe si ce n'est de

la force et de la matière, il est alors évident de
soi-même que, quel que soit le mode d'action
de la force inhérente de la matière existant à
présent, *ce mode* a existé de toute éternité dans
le passé et qu'il existera éternellement dans l'a-
venir. Il n'est donc pas étrange que, de ce point
de vue, la matière et la force soient constantes
dans leur œuvre, qu'elles ne soient douées, en
réalité, de modes de loi d'action invariables.
Mais ce qui est extraordinaire et inexplicable,
c'est que cette loi de force attractive soit précisément la loi de variation de la force qu'elle est.
Car, on démontre mathématiquement que les
limites de variation d'intensité de force attractive de matière possibles, compatibles avec le
mouvement orbital et la conservation de l'harmonie générale des corps célestes, sont excessivement restreintes. Les variations de cette
force d'après une loi *directe* de la distance
quelconque produiraient une confusion immédiate et par suite la destruction d'elle-même ;
car, si l'attraction variait en raison inverse du
cube, ou toute autre *propriété* de la distance
tout mouvement orbital serait annihilé et impossible.

C'est pourquoi, si la loi de variation de la
force de gravitation, telle qu'elle existe maintenant dans la matière, avait été l'une des millions
de lois de variation, comme cela aurait pu être,
jamais, les formations des planètes, des mondes

et du soleil n'auraient eu lieu et leur matière
serait encore une partie de l'inextricable confusion du chaos. Nous voyons donc que notre
système planétaire avec sa matière élémentale
et hétérogène et les propriétés physiques de
cette matière ; ses formes de vie organique, et
toute la beauté et la variété de notre monde
n'auraient pu être produites, si ce n'est par cette
loi spéciale de variation de la force d'attraction
de la matière. Si donc, la matière a été, de
toute éternité, *pour autant que nous sommes
capables de le concevoir*, revêtue d'une de ces
très peu nombreuses lois de la force entre les
millions, celle-là doit avoir produit les résultats
du monde actuel ; et si, cette matière constituée
d'une manière si remarquable que ses effets ont
donné lieu aux manifestations de la plus haute
sagesse, capables d'engendrer la vie et la force
de pensée de l'homme, alors donc, nous avons
la preuve présomptive de l'effort intelligent de
cette matière. Et elle est, en effet, non seulement
la cause mais la cause intelligente. Un écrivain
distingué a dit : « En remontant à la source des
causes, si l'on s'arrête soit à une cause quelconque, soit à une force ou à un principe, cette
force ou ce principe devient pour nous Dieu,
car c'est un agent efficient dirigeant l'univers ».
Considéré au point de vue de la théorie
mathématique des chances, il y a des millions
de chances contre un nombre si minime qu'il

n'excède pas celui des doigts de la main, qu'une loi de la force revêtant la matière serait cette loi même qui serait capable de donner lieu à la formation des planètes. Est-il donc possible que la matière soit par elle-même ainsi constituée? N'est-il pas plus probable qu'une Sagesse Infinie, dominant les conditions et la prescience, a choisi cette loi qui conditionne la matière ?

Nous répétons donc ce que nous avons dit déjà au chapitre « de la matière », qu'il n'existe pas dans la science de principe ayant une base plus immuable que celui de la conservation de la force ou du mouvement d'énergie de la matière. Quoique cessant en apparence, il persiste dans ses formes variées de mouvement, absolument indestructible. Il y a été de même démontré que, la matière agissant sous sa loi d'attraction et le principe de la conservation de l'énergie, arrivera tôt ou tard, quoiqu'à une époque excessivement éloignée, à un état de stagnation, d'où il lui sera impossible de se relever par elle-même ; et que cela est inévitable quelle que soit l'hypothèse admise pour les limites de la matière dans l'univers. Nous avons prouvé, en outre, que cette période finale de la matière sera une période de consolidation et de ténèbres absolues, ou de sa dispersion universelle et qui englobera tout l'univers stellaire.

Or, quoiqu'il ait pu advenir sous l'action des lois susdites, dans la tendance de la matière

vers un état final quelconque, doit avoir été déjà
accompli pendant une durée éternelle. Par conséquent, si les deux lois d'attraction et de conservation d'énergie qui gouvernent maintenant
la matière, sont les mêmes que celles qui l'ont
régie dans un lointain passé, toute matière
doit, sous leur action, être arrivée à une certaine période passée à l'équilibre absolu de
mouvement et de stagnation, sous la forme de
diffusion ou de consolidation universelle. Les
forces de la matière qui ont produit ces conditions les auraient inévitablement et pour toujours perpétuées. Et s'il n'y avait eu une intervention de quelque Pouvoir Absolu au-dessus
et en dehors de la matière et de sa force attractive inhérente, la matière aurait été maintenant
dans l'un des deux états indiqués de repos universel ; — puisque la matière ne pourrait par
elle-même avoir changé ses lois d'action ou sa
force inhérente. Il existe donc, quelle que soit
l'hypothèse, une période de progrès, d'élévation, de décadence et de mort réelle de l'univers
matériel, lequel ne peut être ramené à une vie
progressive nouvelle que par une influence et
une Puissance au-delà de la loi et qui lui est
supérieure, et pour laquelle la loi est insuffisante. Rien, en effet, si ce n'est l'Esprit Universel et Absolu, ne peut sous les grandes lois de
l'univers perpétuer l'univers ; et dans l'impuissance de son antiquité, le ramener à une condi-

tion de préparation et de production de la vie.

Il se peut que de l'un à l'autre de ces vastes et suprêmes cycles de matière des temps passés, la Divine Intelligence ait imposé à la matière des lois et des conditions de force autres que celles qui règnent de nos jours. Il se peut qu'elle ait voulu qu'il y ait de la variété dans la méthode suprême universelle, comme elle existe sur notre petite terre et notre système planétaire dans les formes élémentaires de la matière et dans les formes organiques de la vie. Il se peut qu'elle ait voulu que la force et la matière progressent jusqu'à un certain point et puis, qu'elles aient changé pour s'adapter à d'autres formes qu'Il Lui aurait plu de faire naître.

Un Pouvoir Libre n'est pas même conditionné à soi-même ; autrement c'est une Intelligence, asservie pour toujours à des limites qu'il s'est imposées et qui entrave éternellement ses propres lois ; — et qui n'a pas de vouloir. Mais *Dieu veut*, et étant non conditionné, sa méthode peut consister en modes de changement aussi bien qu'en systèmes de loi pour chaque transformation.

Il a été démontré que les conditions favorables à la force de vie, sont celles d'une grande progression de liberté dans le mouvement de la matière en ses formes les plus minimes, et d'une fréquence augmentative d'échange respectif de mouvement et d'énergie. Ces conditions favori-

sent les tendances de la vie. Mais elles ne
seraient pas possibles sans l'hétérogénéité de la
matière ou de la diversité dans ses éléments. En
d'autres termes, s'il n'y avait qu'une seule substance élémentaire et si la matière était toute du
fer, ou du soufre ou de l'oxygène, il ne pourrait
y avoir de vie; — en ce qu'alors les conditions
favorables à l'œuvre des propriétés de la vie
de l'énergie inhérente de matière n'aurait
jamais pu être produites. Comment se fait-il
que cette variété de substances élémentaires
existe ? S'il y avait un dessein intelligent à
faire naître, c'était nécessaire. S'il n'y en avait
aucun, alors tout n'était qu'accident, pur
hasard. Est-il probable que cette variation soit
une prévision de la matière émanant d'elle-
même ? Ou est-il plus probable que c'est une
prévoyance issue d'une source intelligente ?
Encore une fois, je dis que quiconque affirme,
que la matière et ses forces physiques sont par
elles-mêmes suffisantes pour tous les effets qui
tombent sous nos connaissances, il faut qu'il
explique comment la vie est produite. Et s'il
nie que la matière n'a qu'une force inhérente et
affirme que les quantités de chaque forme
élémentaire de matière sont attribuables à des
forces spéciales appropriées à cet élément seul,
il est nécessaire de s'enquérir d'où est venue
toute cette variété admirable d'énergies, de
laquelle, ainsi que nous l'avons prouvé, il

n'existe ni conception possible ni explication
dans tout le domaine de la science physique. Il
existe environ quatre-vingts substances distinctes, et naturellement, si chaque substance était
douée d'une série d'énergies et de propriétés
occultes, particulières à elle-même, il est du
devoir de ceux qui défendent cette idée de mettre à jour la source de ces qualités extraordinaires. Si la matière s'est donnée à elle-même
cette puissance, alors la matière doit être plus
intelligente que ne le veut dire son inertie, — et
au-dessus de la nécessité. Car nécessité signifie
simplicité, uniformité, similitude. La nécessité
c'est de l'universalité. Ce qui est nécessaire à la
matière en un lieu quelconque est nécessaire à
la matière partout.

Examinons maintenant la nature de la force
attractive de la matière qui attire ensemble ses
unités aussi bien que ses masses. Comme on le
sait, cette attraction est une puissance qui
s'étend à travers de vastes intervalles d'espace
entre les masses, aussi bien qu'à travers ces
inconcevables petits intervalles qui existent
entre les unités dernières ; et dans tous les
cas, elle agit indépendamment d'un médium
de transmission. C'est de la force réelle,
qui s'étend et attire à elle-même d'autre force
pure, emmagasinée dans d'autre matière dont
elle est séparée par un vide absolu. Pourtant, à
travers ce vide absolu s'étend cette admirable

énergie, cette force pure existant sans matière !
N'est-ce pas là notre conception du pouvoir spirituel ? Une force pure sans matière ? Seulement nous concédons au pouvoir spirituel, de
l'intelligence. Quelles que soient les théories
qu'on puisse émettre au sujet de la matière
comme étant une réalité, nous prétendons que
personne ne peut nier qu'il existe dans toute
matière, en déans des limites de notre univers
visuel, une force inhérente d'attraction ; et que
cette force s'effectue à travers les vides de l'espace et est indépendante dans son action d'un
médium quelconque.

Comment la substance est-elle parvenue à
s'associer avec une pareille qualité, ou énergie,
entièrement non-substantielle et immatérielle ?
Toutes les deux, la substance et son énergie
inhérente sont absolument sans ressemblance
ni similitude. L'une reçoit, l'autre transmet.

Est-ce de nécessité ou par chance ? Est-ce
une présomption de la matière ou de la force ?
Ou est-ce une association qui a son origine
dans la sagesse de l'Omnipotence ? Laquelle
de ces deux idées est la plus probable ? Si de
cette association est venue, en dernier lieu,
la vie organique, la volonté, la conscience de
soi-même, la connaissance, la pensée, la raison, ces facultés proviennent-elles de la matière inerte, impuissante et morte, ou éma-
nent-elles de ce pouvoir remarquable et inné

qui dirige la matière-pouvoir qui a une parfaite
ressemblance avec l'esprit ? Qui n'a pas été
témoin du phénomène bien connu de la transmission de la pensée ? Deux personnes ont la
même pensée et sous une forme presque identique, au même instant ; quoiqu'il n'y ait entre
elles aucune intimité et aucun moyen de connaître la pensée l'une de l'autre, laquelle peut
être entièrement étrangère à des pensées anté-
rieures de l'une et de l'autre personne. La lec-
tūre de pensée, le mesmérisme et l'hypnotisme
sont connus de toutes les personnes intelligentes. Ici encore, comme dans l'action attractive,
on trouve des exemples d'énergie immatérielle
de la volonté, — de la puissance de pensée, —
passant à travers l'espace absolument vide, d'un
esprit à l'autre, entièrement indépendant de tout
médium de transmission. De tels moyens de
transport ne sont pas des modes de mouvement
matériel envoyés à travers la matière continue,
mais de l'action immatérielle. Ce sont des forces
de pensée se transportant d'un esprit à un autre,
des déguisements de l'esprit originel. C'est là
ce qu'on nomme esprit.

Or, le pouvoir subtil d'attraction qui attire
la matière vers la matière n'est pas naturellement un pouvoir d'intelligence, mais il a sous
d'autres rapports, dans son action, toute la ressemblance avec l'esprit, et dans cette ressemblance il est uni à l'idée d'esprit. Et n'est-il

pas plus vraisemblable que ce soit une œuvre
émanant de l'Esprit universel que d'admettre
que ce pouvoir se soit déterminé par soi-même
dans sa nature et dans son association avec la
matière ? Si comme on l'a vu, tous les modes
mécaniques de mouvement, manifestés comme
étant des propriétés physiques de la matière,
persistent dans des corps organiques, comme
les mêmes modes mécaniques de mouvement ;
et si nous n'y trouvons rien de changé dans la
nature de leur action ou de leur caractère ;
quelle est l'énergie qui force chaque unité de
chaque substance à tendre vers la structure
organique et puis à la vie organique ? D'où
viennent la volonté et la connaissance de soi-
même et la pensée qui en dérivent? Assurément
pas de la matière inerte ou de ses propriétés
mécaniques de simple mouvement.

Et, si nous affirmons qu'il n'existe qu'une
force inhérente de matière, au lieu de la grande
multiplicité d'une seule force spéciale à chaque
forme de substance ; alors donc, nous devons
reconnaître de même que la force de vie est
quelque chose de plus qu'une simple énergie
attractive et un mouvement de la matière, car,
personne ne sera assez téméraire pour affirmer
que la vie est un produit du mouvement et de la
force attractive seule. Il faut, par conséquent,
qu'il y ait quelque part inhérent à la nature de
cette force, un pouvoir capable de produire la vie,

une qualité douée d'action, quand les conditions
de la matière sont favorables pour cette action,
mais jusqu'alors resté latent et inerte, — précisément comme dans le germe de la plante se
trouve la capacité pour la vie, bien que cette
capacité ne soit jamais effectuée à moins d'être
sollicitée par des conditions favorables. Le premier effet de l'assemblage de la matière, c'est
la préparation des conditions de vie dans ses
modes variés de mouvement ou de propriétés
physiques.

Il en est de même quand on assemble les parties d'une machine : séparément, elles sont sans
signification, mais ajustées, ce sont les parties
particulières d'une forme unique, et qui sont
douées de fonctions. Nous n'hésitons pas à dire
avec Jonh Herschell que « la force de gravitation
est le résultat direct ou indirect d'un état de conscience ou d'une volonté existant quelque part ».

A notre point de vue, c'est une force émanant
de l'Esprit Universel, transmise à la matière et
existant avec elle, d'après une loi imposée par
l'Esprit. La force de vie est la plus haute qualité de la même énergie. Elle tend aussi à l'attraction, au concours, à l'unité, mais plus encore
elle tend à la forme organique, à la structure, à la
vie. Bref, l'énergie attractive dont la matière est
investie est une impulsion de la volonté divine.
Elle hérite de l'essence de son Esprit et sa loi
est l'expression de Sa Sagesse. Les formes les

plus basses et les plus matérielles de cette énergie sont mécaniques dans leurs effets. Les
formes plus élevées sont manifestées dans les
tendances organiques ou vitales de toute matière. La vie, la conscience et la raison proviennent indirectement de l'essence spirituelle
universelle ; et les formes de vie sont, en partie,
dans leur développement un produit de cette
même source.

La conception fondamentale de la matière et
de la force, indiquée dans ce chapitre, démontre que sans appui ni aide, elle est aussi impuissante à donner naissance à l'univers stellaire
dans sa splendeur, qu'elle ne l'est à produire
un monde de lumière et de vie ; et nous voyons
s'accumuler de tous côtés, les improbabilités et
d'autres présomptions. Pourtant, le matérialiste
a revêtu la matière et la force des vêtements
de l'omnipotence, et en même temps a nié à
cette contrefaçon de création ou le dessein ou
l'intelligence. En admettant, comme on le doit,
que l'existence par soi-même d'un Esprit Suprême
est inexplicable, combien plus est inexplicable
l'existence par soi de la matière et de la force
équilibrées par elles-mêmes, cette dernière avec
sa remarquable loi d'action tirée d'elle-même,
et son pouvoir de faire naître la vie et l'intelligence, quoique ne possédant aucun de ces
attributs. La première avec la variété de ses
éléments acquise par elle-même ; et les deux

réunies, sans direction aucune, et pourtant manifestant et déployant toute la sagesse d'une Intelligence absolue. Les imbéciles parlent des facultés de la raison qui résout toutes choses, et déclarent qu'ils ne croient pas ce qu'ils ne peuvent comprendre. Et comme il n'est pas d'effort de pensée quel qu'il soit, passant de la cause à l'effet, qui permette de remonter jusqu'à l'origine de Dieu, ils affirment que son existence est dénuée de foi. Jetons un coup d'œil sur quelques-unes des limites de la compréhension. Ces mécréants sont-ils capables de comprendre une éternité de temps passée ou un temps futur sans bornes ; ou un commencement, ou une éternité de matière ? Peuvent-ils concevoir le mouvement de vie dans la plus simple forme d'une cellule-germe, ou la croissance d'un brin d'herbe ? Ou, comment on lève la main et fait mouvoir le pied ? Peuvent-ils dire ce qu'est le « moi » qui subit les impressions du monde extérieur par la sensation ? Peuvent-ils expliquer ce qui devient consciencieux dans l'état de conscience ? Comment il est possible que la force inhérente de la matière s'étende au-delà des vastes intervalles qui séparent les mondes dans l'espace, et attire à elle la force d'autre matière ? Peuvent-ils comprendre la transmission de l'intelligence sympathique humaine ? Peuvent-ils même se rendre compte du mouvement initial d'un corps, de l'état de repos ; ou de la cessation de son mouvement ? Dans les deux cas, tous les changements intermédiaires par accroissement devraient être examinés et comme ils sont en nombre infini, il faudrait pour ce travail un temps infini. Les vibrations de la substance de l'éther nous amènent la lumière et le mouvement de chaleur des corps si éloignés de nous, qu'il faut des milliers d'années pour qu'ils viennent jusqu'à notre planète. Peuvent-ils comprendre que si nous parcourrions une direction quelconque en ligne droite, nous n'arriverions jamais à la limite d'un semblable univers stellaire ?

Comme notre savoir est peu de chose ! Comme notre compréhension est bornée ! La portée de notre vision ne peut s'étendre au-delà de l'horizon. Un temps sans limites et sans étendue, sans rivages, nous entoure de toutes parts ; et dans l'au-delà du monde stellaire et de notre propre planète nous ne savons rien. Avant donc de pouvoir affirmer avec justesse qu'il n'y a point de Dieu, il faudrait avoir vécu éternellement, avoir été partout et savoir tout : « Il faudrait d'abord connaître tout l'univers ; avoir étudié tous les systèmes de soleils et d'étoiles, aussi bien que l'histoire de tous les temps ; avoir parcouru tous les domaines de l'espace et du temps, pour être à même d'affirmer, avec sincérité « que nulle part on ne trouve des traces de Dieu ». Il faudrait aussi connaître cha-

que force de l'univers entier ; être capable
d'expliquer avec justesse toutes les causes de
l'existence. Il faudrait enfin être en possession
absolue de tous les éléments de vérité qui constituent tout l'ensemble des connaissances, en
quelque lieu que ce soit. Autrement, le seul
attribut qu'on ne posséderait pas pourrait être
cette vérité même qui dévoilerait Dieu ». En un
mot, pour être en état d'affirmer, avec autorité
qu'il n'y a point de Dieu, l'homme devrait lui-
même être omniscient et omnipotent ; c'est-à-
dire qu'il devrait être lui-même égal à Dieu.

Supposons maintenant que sur un point indéterminé, quelconque de l'espace, existe le plus
intelligent des hommes entouré de matière dans
un état de diffusion universelle, et qu'à ce mor-
tel soit délégué le suprême pouvoir de créer des
lois, de former des mondes capables d'évoluer
en vie organique et de produire l'homme lui-
même. Supposons, en outre, que cet être ne
connaisse rien des lois existantes de la matière
et de la force, mais qu'il ait pour mission de les
formuler. Quelqu'un oserait-il prétendre, un
seul instant, que dans un temps égal au passé
éternel, il aurait résolu le problème ? Et cependant, le matérialiste attribue à la matière beaucoup plus que cela ?

Examinons de plus les phénomènes de cognition, de conscience et de pouvoir de pensée, et
admettons que nous soyons les produits des

forces de la matière, dépourvus de force direc-
trice pour les guider. On nous dit que les substances élémentaires du monde, formant les rocs,
l'air et les masses de terre, etc... sont devenues
intelligentes par elles-mêmes, puisqu'elles sont
toutes incorporées dans l'homme physique.
Elles résolvent les problèmes scientifiques ;
elles calculent les éclipses ; elles raisonnent ;
elles deviennent morales et même religieuses ;
elles conçoivent de l'amour, de la haine. Et la
logique de l'argument de ceux qui maintiennent
qu'il n'existe pas dans l'univers de qualité originelle plus élevée que la matière et ses propriétés physiques ou modes de mouvement, c'est
que chaque unité dernière de la matière est
douée d'intelligence indépendante, puisque la
matière ne peut contenir dans sa forme agrégée
ce qui est nié exister dans ses constituants indi-
viduels. « Tout ce qui est *évolué* de la matière
doit avant tout s'y être *trouvé* déjà ». Pour conclure, l'intelligence de l'homme est la somme
de l'intelligence des unités dernières dont elle
est composée, et toutes ses facultés mentales ne
sont que la somme des puissances de ces unités.
En d'autres mots, « le corps humain est con-
servé dans sa totalité et son intégrité par la persistance intelligente de ses atomes. Quand leur
accord harmonieux est détruit, l'homme meurt
et les atomes cherchent d'autres combinaisons
et d'autres rapports ». Et naturellement, ce qui

constituait l'individualité est dissous. L'argument de l'athée d'où cette citation est tirée, ne prétend pas expliquer l'étonnante intelligence des atomes ; car il admet qu'ils existent d'eux-mêmes. De cette manière, on nie un seul Dieu et on en reconnaît plusieurs autres.

Cette théorie de l'intelligence des unités dernières est irrationnelle à l'extrême. Et si les parties des formes organiques de la vie et de l'intelligence sont incapables de communiquer à la masse ce qu'elles-mêmes ne possèdent pas, nous sommes forcés alors d'admettre, par induction qu'il existe dans la force inhérente de la matière un rapport spirituel qu'elle a hérité de l'Esprit Universel, pendant le séjour éternel de la matière à l'ombre de la Divinité Elle-même.

Remontons le cours des connaissances telles qu'elles ont été exposées par la science, et voyons s'il est possible d'y découvrir la moindre évidence d'un élément spirituel. « Supposons que nous ayons une substance sensible, organisée, exposée aux impressions du monde ambiant. Les impressions des sens de ces milieux laissent des traces dans l'organisme sensible ; ces traces ou formes de troubles de l'organisme, correspondant aux impressions, sont conservées et constituent une prédisposition à se renouveler par une répétition d'impressions de même espèce. Le renouvellement du même sentiment par les mêmes traces, s'étant de nouveau fait dans la structure sensible, rappelle d'anciennes impressions, parce que c'est un mode du même mouvement agissant de nouveau dans le même sens, et l'organisme cède plus facilement à ce mouvement, ou oppose moins de résistance que pour un nouvel ordre de mouvement. Aussi souvent que ce même mode de mouvement se répète, les traces se répètent sur l'organisme et les nouvelles impressions trouvent un sentier plus facile et plus commode pour leur mouvement. Dans chaque cas, il y a renaissance d'une sensation primitive de sentiment. Il y a donc, cognition par l'organisme du mode particulier de mouvement produit par les impressions, et en même temps, il y a un renouvellement de connaissance, paraissant analogue à des modes antérieurs de mouvement semblable produisant les mêmes impressions. C'est là le commencement de la mémoire dans l'organisme ». Cette connaissance d'une impression des sens, étant la même que l'impression antérieure des sens, implique nécessairement la connaissance de quelque chose *par* quelque chose. Assurément, la connaissance n'est ni produite ni créée par le mouvement, car celui-ci est un simple mouvement de particules ; elle n'est pas non plus produite ou créée par une trace quelconque antérieure du même ordre de mouvement, car c'est là une connaissance de mouvement et de

l'impression; c'est une sensation qui est reproduite. Et on pourrait tout aussi bien dire que
la vibration du mouvement de chaleur et l'effet
qui en résulte, sont les mêmes choses que la
mémoire où l'intelligence ; que de dire que le
sens ci-dessus décrit, ou le mouvement produisant l'impression, fait naître la mémoire *d'elle-
même.* Une impression des sens et l'arbitre final
qui est juge de cette impression des sens sont
deux choses tout à fait différentes. Quel est ce
pouvoir qui reconnaît ? Lequel est conscient
par soi-même : Est-ce simplement de la matière
du cerveau ? De la matière grise parfaitement
organisée ou de la matière organisée à un degré
quelconque signifie tout simplement de la
matière qui est susceptible de s'adapter au mouvement. Est-ce donc que cette matière si aisé-
ment influencée par le mouvement, devient
consciente d'un mouvement antérieur, parce
qu'elle est maintenant reproduite dans la même
forme ? Ce serait vouloir placer la matière au-
dessus de toutes les propriétes connues de la
matière. Cette faculté de cognition ou mémoire
est-elle un pouvoir qui émane de l'agrégation
de la matière organique et de l'action unie de
toutes les forces physiques ou propriétés de la
matière ? S'il en est ainsi, c'est attribuer de la
conscience à des forces physiques et concéder
à un assemblage d'unités dernières de la matière
un pouvoir que nous refusons aux unités elles-

mêmes, car rien ne peut sortir du composé qui ne se trouve pas dans les unités.

Mais la connaissance, la reconnaissance, la mémoire, le sentiment intérieur, sont assurément des vérités. Et si leur pouvoir sont en dehors des limites du cerveau, alors il y a là quelque chose de plus élevé que la matière ou le mouvement qui enregistre leurs effets. C'est là un pouvoir plus élevé qu'aucune des propriétés physiques ou de leurs attributs, puisqu'à aucune d'elles pas plus qu'aux unités de substance, nous n'accordons le sentiment intérieur, la sensibilité ou l'intelligence. La conclusion que nous en tirons est que l'essence de la cognition et de la conscience de soi-même est une qualité spirituelle de la force inhérente de toutes les unités dernières qui les pousse vers l'organisation ; et que, avec cette organisation, survient un pouvoir spirituel résultant, un concours de toutes les unités composées, plus élevées, plus puissantes et plus virtuelles, plus la matière organisée est parfaite. Il émane de l'Esprit Universel, qui a investi et doué toute matière de ses forces. C'est un pouvoir qui domine tous les autres, un progrès spirituel issu de l'Esprit. Et comme il pénètre le contour physique de l'homme et de toutes les formes organisées, sa forme spirituelle est sa forme. Car dans son état complet, c'est une unité de pouvoir spirituel, se connaissant soi-même, équilibré et continu en soi-même.

De plus, que sont les transmissions héréditaires? Les habitudes? Les instincts? Admettons
la théorie des germes de la transmission cor-
porelle par l'œuvre de reproduction dans la vie
animale des structures organisées infimes, laquelle, comme cela se passe dans tous les germes, détermine la forme structurale dernière de
l'embryon et le caractère physique et jusqu'à
un certain degré, le caractère mental de tout
l'animal.

Supposons que dans la reproduction de l'espèce humaine, aucun pouvoir, aucune influence
autre ne soit exercée que celle qui est purement
physique, — ni psychique, ni mentale, — la
reproduction ne représenterait-elle pas alors
le trait caractéristique physique seul de la vie
des parents? De même que dans les ordres les
plus bas de la vie nous sommes incapables de
découvrir un point de départ quelconque de la
forme des ancêtres.

Mais combien est différent le cas qui nous
occupe. Quoiqu'un enfant puisse avoir la nature
mentale des parents, combien n'est-il pas souvent totalement différent des traits caractéristiques de sa lignée? Ces différences et ces res-
semblances ne proviennent pas de la vie em-
bryonnaire, ni du milieu dans lequel a été
l'enfant, autrement elles se montreraient dans
les animaux inférieurs. Elles sont inhérentes et
tout à fait d'une nature psychique ou animique;

c'est un don spirituel qui ne peut être transporté dans la matière, ni transmis par elle, à moins que la matière elle-même ne contienne une essence spirituelle sans laquelle *aucune unité dernière de matière* ne peut transmettre la mentalité, et *qu'aucune forme particulière* d'un grand nombre de ces unités, — que nous nommons organisation, — ne peut faire quelle que soit l'œuvre de fécondation. Car il faut se rappeler que ces formes, sous l'essence spirituelle, sont de simples formes du mouvement et de la force de la matière et que l'ordre de mouvement simple n'est pas soi-même psychique. De longues séparations dans la mentalité de la descendance des traits caractéristiques des parents (telles qu'on en voit dans le développement du génie de l'enfance ou de la jeunesse, et telles que les inclinations marquantes qui diffèrent grandement des leurs) ne peuvent être totalement attribuées à des transmissions mentales de la vie actuelle, car ce sont des influences psychiques provenant de sources diverses qui sont indépendantes de l'atmosphère des parents et qui prennent souvent leur origine au-delà de ses possibilités.

Admettons aussi que les habitudes appliquées à la vie animale, soient invariablement des états de l'organisme susceptibles de s'approprier des conditions externes imposées : L'habitude, voulant dire une disposition de l'organisme à répéter périodiquement une manifestation par-

ticulière d'activité. Les conditions externes
auxquelles l'organisme est soumis, sont celles
de force et de mouvement : et par conséquent,
les habitudes sont des modifications de mouvement organique, concourant à produire dans
l'organisme, des mouvements ou des effets
résultants particuliers. Mais cela est-il tout dans
les traits héréditaires ou dans l'habitude ?

D'après l'hypothèse que tout ce qui est dans
les phénomènes mentaux est le produit de la
matière et de ses propriétés physiques, l'un quelconque d'entre eux ou tous réunis, peuvent-
ils par eux-mêmes produire des particularités
spéciales d'intelligence, dans un homme ou une
femme quelconque, à un âge déterminé, connues comme traits héréditaires ? En admettant
que la structure se répète dans la progéniture,
elle ne fait que favoriser les qualités spirituelles
de la force inhérente de la matière laquelle
agissant à travers la structure en parcourt les
sinuosités.

De même dans l'habitude, un mode structural
particulier est imposé à l'organisme, comme un
effet d'ordres de mouvement particuliers longtemps répétés. L'habitude est plus marquée à
mesure qu'on descend l'échelle d'ordres de la
vie animale. Là, l'organisation est inférieure,
l'énergie spirituelle est moins développée et
contrôle moins la matière et ses forces matérielles.

En poursuivant, dans ses conclusions les plus vastes, notre évidence d'un élément spirituel existant dans la force inhérente de chaque unité dernière lequel détermine et aide l'organisation et la structure, et se présente soi-même comme étant le pouvoir de vie de cette structure, nous devons trouver dans la structure et les formes de vie les plus basses, le pouvoir spirituel le plus bas, l'habitude la plus prononcée. Réciproquement, on constate que l'élément spirituel est plus élevé et que l'habitude est moindre, plus l'organisation est élevée. Ici, les forces organiques sont dirigées dans des sens particuliers, et sont proportionnellement enlevées de l'action organique dans d'autres directions.

Des habitudes dominantes sont par conséquent inconsistantes avec la versatilité, la variété et la multiplicité des pouvoirs d'un homme ou d'une femme d'une grande intelligence, d'un type de vie élevé ; et on devrait s'attendre à les trouver prédominant dans les ordres inférieurs ; d'une manière plus caractéristique, plus le type de l'organisme est bas ; jusqu'au point où l'animal se perd dans le règne végétal, et où ses intervalles longs, monotones, rhythmiques d'habitudes s'assimilent étroitement à une plus grande stabilité de vie végétale.

Si elles sont suffisamment prolongées, les habitudes trouvent à se manifester dans l'hérédité comme instinct, surtout si leur réappari-

tion dépend d'un degré de développement organique; comme par exemple, des organes de
reproduction qui, pour l'oiseau ou l'animal,
apparaissent dans la construction de leur habi-
tation. Comme alliés à l'instinct, nous devrions
nous attendre à voir la vie instinctive s'élever
dans les ordres inférieurs de la vie, et s'en
affranchir à mesure qu'on atteint des ordres
plus parfaits, ou la mentalité être en raison
inverse de la capacité instinctive. On devrait,
de plus, s'attendre à trouver les traits d'hérédité alliés plus intimement aux propensités et
aux passions; à moins que le sujet ne soit d'un
type élevé intellectuel; ou d'une mentalité supé-
rieurement organisée et d'un pouvoir spirituel
important. Dans des cas semblables, l'individu
selon toute vraisemblance, devrait manifester des
traits d'un caractère intellectuel, provenant
d'ancêtres constitués d'une manière analogue.

Suivant que la matière organisée est d'un
degré élevé ou inférieur, de même aussi la vie
ou le pouvoir spirituel est plus ou moins raffiné
et plus ou moins développé. La vie organique,
animée ou inanimée, possède donc à des degrés
différents la vie essentielle ou force spirituelle.

Tyndall a dit : « Pour parler à cœur ouvert,
je dois avouer que si je porte mes regards en
arrière, au-delà de la limite ou de l'évidence
expérimentale, je découvre dans cette matière
que nous avons dans notre ignorance et malgré

le respect que nous vouons au Créateur, couverte jusqu'ici d'opprobre, la promesse de toute la vie terrestre ». Naturellement, Tyndall veut dire par matière, son activité et non son inertie.

Toute la question est donc celle-ci : la matière contient-elle des qualités de force autres que les qualités physiques ? Si la substance est de l'inertie, elle ne peut pas produire ce qu'elle n'a pas. Si ses forces physiques peuvent faire naître la vie et l'intelligence, alors elles peuvent produire ce qu'elles n'ont pas; et quelque chose ne peut provenir de rien. Il n'y a ni intelligence, ni force de volonté dans la substance ou dans ses forces physiques. Elles n'ont pas non plus ce pouvoir spirituel qui est capable d'influencer un autre esprit, à travers le vide. L'intelligence et le sentiment intérieur ne sont pas le fruit de telles sources. La substance a toujours résidé dans la présence de l'esprit, et la force mentale et spirituelle émane de l'ombre de l'esprit; c'est une qualité inhérente de sa force innée.

Chaseray a dit : « Méfions-nous de nos sens qui sont imparfaits. Ne soyons pas prompts à nier la qualité de l'être humain, parce que le scalpel de l'anatomiste est impuissant à y découvrir ce principe éminemment subtil. L'homme n'est pas poussé vers l'annihilation, même dans l'hypothèse de la matérialité ».

Cabanis, le grand physiologiste, admet qu'un

principe, une faculté vivifiante est nécessaire
pour expliquer la pensée et il dit que l'opinion
contraire ne peut être prouvée ». Ni la cellule
primitive considérée comme force élémentaire
de la vie, ni aucun principe connu de la science
ne suffit pour expliquer la vie ou ce pouvoir
d'action qui se trouve dans l'être vivant à toutes
les époques de son existence et conséquemment
aussi dans la cellule.

Il faut donc qu'en dehors des éléments matériels et sensibles, il y ait un principe inacces-
sible à l'observation et c'est ce principe qui est
l'agent de la vie ; la cause motrice du mouvement vital et de toutes les différentiations.
La nature est un organisme à travers lequel
la vie Divine coule sans cesse et se communique à toutes les formes organiques. La
nature est soumise au changement, aux limita-
tions de l'espace et du temps et à l'imperfection
qui en résulte. » L'Esprit Universel existe dans
la matière sous des conditions de loi qu'il s'est
imposées ; et si nous n'étions pas nous-mêmes
soumis à cette loi, mais seulement les sujets,
d'une force particulière éternelle, nous serions
des jouets irresponsables, sans connaissances
morales et sans responsabilité pour le mérite.

Sans l'Esprit Universel, la nature apparaît
comme une énorme satire sinistre et terrible
dans son ironie sardonique. Et dans toutes ses
manifestations, rien qu'une mère fantasque don-

nant naissance au genre humain comme elle
produit les tempêtes sur l'Océan ou les nuages
dans l'air, pour les laisser flotter un instant et
les faire disparaître ensuite. Etres doués de
plaisirs purement physiques, sans but, sans
aspiration. Univers de non-entités, sans résultat
utile ; sans Paternité comme sans sympathie ;
un hasard qui peut ne pas se reproduire, quelque chose qui se résout dans un néant perpétuel ; que des énergies aveugles et terribles
leur ont donné. Si cela était tout, il aurait
mieux valu que l'espace fût une étendue vide
ou que la matière fût restée dans un repos éternel.

Il existe dans la force vitale de la structure
une action susceptible de changement favorable
de milieu, aussi bien que de développement
d'action des forces physiques de la matière.

Une action purement physique n'engendre
que des conditions. Et si la force spirituelle est
originellement nécessaire pour produire la vie,
une plus grande force spirituelle est également
nécessaire, pour faire naître une vie plus élevée. Par conséquent, quand les conditions de
milieu progressent de degré en degré, l'élément
spirituel de force est d'autant plus assimilable.
En d'autres mots, il y a une augmentation d'élément spirituel dans toute manifestation plus
haute de la vie, soit de la plante ou de l'animal.

La structure par *elle-même* ne peut pas tendre vers une structure plus élevée, ni la vie vers des formes plus élevées de vie sans préparation extérieure des forces physiques à la sollicitation de laquelle il y a adaptation d'éléments spirituels de force. Les conditions extérieures ne sont que de simples avantages de situation de l'organisme, et des milieux perfectionnés améliorent l'occasion pour la vie ou la force spirituelle de la matière. La vie de la plante est toujours susceptible d'assimilation. Dans la vie animale — chez l'homme, il faut le dire à sa honte, il n'en est pas de même. Si l'habitant est bas, dégradé, semblable à l'animal, il dégradera le palais aussi bien que la hutte. Il n'avancera pas par les conditions améliorées dont il sera entouré. La conséquence de tout ce qui précède est que, de même que l'élément spirituel d'énergie doit *être déployé*, afin de produire la structure dans des conditions favorables à la vie et avec les commencements de vie organique, de même il doit être de plus en plus sollicité, de plus en plus manifeste et de plus en plus nécessaire dans les formes les plus élevées de cette vie.

CHAPITRE VII

Evidence de l'Esprit dans les phénomènes psychiques.

La chose la plus étonnante dans notre existence, est que nous existons. Environnés de l'inanimé, nous sommes animés. Enveloppés par l'inerte, l'inconscient, l'insensible, nous avons la conscience de nous-mêmes. Nous être créés nous-mêmes, eût été impossible.

Et l'inertie ne nous offre ni la puissance ni la probabilité. Partout, nous interrogeons, l'au-delà, comme l'homme a toujours fait, pour trouver une énergie plus élevée et plus intelligente.

Il y a certains phénomènes subjectifs qui ont tant fait que de persuader l'homme civilisé qu'il y a une différence entre la force purement matérielle et une nature spirituelle dans la force, de même que les phénomènes grossiers naturels ont fait croire à l'esprit encore à l'état primitif et sauvage qu'il y avait quelque chose qui dominait tout au-delà et au-dessus de lui. Ces phénomènes ont rapport à l'échange réciproque de l'esprit, indépendamment des signes

du langage ; à la spontanéité de la pensée qui
est pour le cerveau de l'individu, qui l'exprime
souvent aussi surprenant que pour ceux qui
écoutent, une surprise manifestée par une profonde émotion, telle que les rires, les pleurs,
l'amour ou la colère ; et enfin, aux phénomènes
des pouvoirs extra-sensuels, attestés dans le
somnambulisme, l'hypnotisme et le mesmérisme.

Les actes extérieurs du somnambule sont les
manifestations externes d'un pouvoir intérieur
correspondant, indépendant du corps physique,
un principe d'intelligence qui dirige les mouvements, qui voit et agite sans le concours des
organes extérieurs de la vision ; — une force
spirituelle, alors que le corps est inconscient.
Bacon la définit : « Issue des pouvoirs internes
de l'âme ». La transmission de la pensée est
d'une occurrence banale, et en faire ici l'évidence serait à la fois ennuyeux et suréroga-
toire. L'association britannique dans sa séance
annuelle tenue en 1891 fait mention de la cou-
rageuse déclaration faite par son président, le
Dr Oliver Lodge, F. R. S. dans le discours
qu'il prononça quand il dit sans ambages, qu'il
était du devoir de la science d'investiguer le
mysticisme, que les faits ne pouvaient en être
plus longtemps ignorés ou niés.

Des expériences faites avec soin sur la transmission de la pensée et des matières analogues

l'avaient pleinement convaincu qu'il existe entre les esprits un mode de communion indépendant des moyens ordinaires de la conscience et des organes connus des sens.

Il déclara qu'il était persuadé que la pensée pouvait être excitée dans le cerveau d'une autre personne, sans un médium matériel de communication. Il ajoute « que les rapports entre la vie et l'énergie n'étaient pas compris ; que la vie n'était pas l'énergie et que la mort d'un animal ne changeait en rien la somme de son énergie ; pourtant, un animal vivant exerce un contrôle sur l'énergie, tandis qu'étant mort, il ne le peut pas ».

Le mystérieux moyen par lequel des nouvelles importantes se transmirent d'une partie de l'Inde à l'autre, a été longtemps un fait surprenant, inexpliqué. L'histoire prouve d'une manière irrécusable que durant la grande rébellion Sepoy (1) dans le nord de l'Inde, des informations sur les batailles et leurs résultats étaient répandues au loin dans le sud, à cent milles de distance des lignes anglaises, parmi les indigènes, bien avant qu'aucunes nouvelles aient pu être envoyées aux fonctionnaires anglais qui étaient

1. En 1855, les Indiens s'insurgèrent contre les Anglais. Ils étaient au nombre de plusieurs millions et leur base d'investissement embrassait un immense territoire dont Delhi, Lucknow etc... servaient de centres d'opérations.

au même point, par des courriers spéciaux voya-
geant à toute vitesse. Les indigènes n'avaient
pourtant aucuns moyens visibles d'obtenir ces
renseignements et la conséquence admise alors
et maintenant, c'est que ces communications
avaient lieu par la transmission de la pensée.
Il est bien établi que leurs connaissances dans
les mystères mentaux étaient bien plus profon-
des que les nôtres. En télépathie ou lecture de
pensée, de même qu'en hypnotisme, ils ont sur
nous une supériorité marquée et incontestable.
Un grand nombre de leurs phénomènes psychiques sont des merveilles qu'on ne peut expliquer, à moins d'admettre une forme d'hypnotisme plus élevée que celle avec laquelle nous
sommes familiers.

Nous l'avons dit, le temps n'est plus où des
phénomènes psychiques reconnus peuvent être
tournés en ridicule ou regardés comme insigni-
fiants et sans but. Par la raison que de tels phénomènes émanent des forces physiques, ils
sont en dehors de ce que nous savons sur la
matière, quant aux recherches et à l'expérience.
Les explications impliquent l'attestation de la
force mentale ou de l'influence de la pensée
sans langage ; provenant d'une intelligence
individuelle et opérant sans le secours d'un
médium connu quelconque ; fréquemment, à travers des intervalles considérables d'espace ; et
agissant au dehors et au-delà du cerveau. Un

grand nombre de découvertes ont été faites, indépendamment l'une de l'autre et presque simultanément. Parmi elles, on peut citer la découverte
d'une planète extérieure à Uranus par Leverrier et
Adams. La conservation de l'énergie. La théo-
·rie de la chaleur et des gaz. La doctrine de la
sélection naturelle. L'analyse spectrale. La loi
périodique des éléments chimiques. La découverte de l'éther. L'invention et l'application du
calcul. Il n'existe pas d'entité telle que « l'esprit d'une époque », si ce n'est pour autant
qu'elle est applicable à l'avancement et aux tendances d'un peuple. Toutes les grandes œuvres
de l'intelligence sont au-delà de la portée de
ceux qui n'ont pas été secondés. Il semblerait
qu'à certaines époques un grand courant de
pensée sympathique, d'un ordre élevé ou inférieur a passé sur les peuples, sur les communautés et les individus, les poussant à la fréné-
sie ou à la folie ; ou à la vertu et à la pureté.
L'harmonie de la pensée amène l'unité dans l'effort et la direction, et quand elle forme un
ensemble et qu'elle a reçu l'impulsion, elle
domine la volonté individuelle. Il y a eu des époques de grands troubles religieux, de grands
changements politiques ; de vastes progrès
scientifiques ; de grandes luttes militaires et de
belles inventions mécaniques. C'est là ce qu'on
nomme de la sympathie de pensée, une foule
d'impulsions s'unissant en un vaste et irrésisti-

ble courant. C'est à la fois concours et continuité de pensée.

Il y a des conditions harmonieuses d'esprit,
familières et bien reconnues comme étant le
résultat de l'identité des idées. Chaque esprit
réflète la pensée d'un autre. Cela est d'observation journalière. Il y a une attraction immédiate
d'un esprit vers la pensée d'un autre ; une énergie communiquée par l'un et un abandon vers
cette force de l'autre. Cette force peut s'étendre
dans le silence de la pensée à plusieurs. Si un
grand concours de personnes, comme dans une
ville grande et compacte, sont fortement mues
par une seule énergie, l'influence de la pensée
est immense. Les hommes sont soulevés de
terre ; entraînés à l'action sous une impulsion
toute puissante, inconnue alors. »

Il existe dans les masses une relation irrésis-
tible, sympathique, quoiqu'elles soient incapables d'atteindre le but par leur compréhension
individuelle ou même peut-être d'en avoir conscience. Naturellement, la constitution et la condition mentales doivent être dans un état d'adaptation à cet effet. Dans de telles circonstances
et de pareilles communautés, il se produit un
certain malaise, un état inexplicable de tension
nerveuse, l'appréhension d'une chose à venir ;
puis, il y a réalisation et entendement possibles. Quelle en est l'explication, si ce n'est que
la force d'esprit est une force réelle, une puis-

sance capable de produire des effets à travers
l'espace et sans le secours de tout médium
matériel ? L'esprit est uni à l'esprit, soit sciem-
ment ou non, d'une manière plus sensible avec
certains esprits qu'avec d'autres. On peut donc
être influencé indépendamment de ses propres
idées, par la force de cet état de choses, avant
même qu'on ne sache le comprendre. S'il en est
ainsi, et qu'il y ait continuité d'échange d'esprit
partout, nous recevons de toutes parts des
impulsions de force de pensée et l'esprit frappe
l'esprit partout. Nous sommes reliés à travers
des espaces célestes de pensée spirituelle ; à
travers des espaces terrestres de pensée terrestre, et il y a même « continuité entre l'esprit
de l'homme et l'Esprit Universel ».

Il a été démontré de la manière la plus positive qu'à travers de courtes distances, un esprit
peut en influencer un autre par sa propre pensée, quand tous les deux sont dans leur état
normal, et séparés de corps. Chaque mentalité
a sa propre énergie mentale, ou son mode d'action, et le nombre en est aussi grand et aussi
varié que ne l'est la figure humaine ou la personnalité. Il arrive fréquemment que des personnes sensitives reconnaissent la présence ou le
voisinage d'autres personnes, ou même d'animaux, de la manière la plus précise ; — et manifestent cette reconnaissance, soit par des signes
d'attraction, ou par la peur et la répugnance ;

quoique leurs sens y soient tout à fait étrangers.
Et il arrive non moins souvent que l'esprit
n'éprouve une semblable sensation, que par le
sens intérieur vérifié par la suite.

Ainsi, la pensée s'extériorise vers la pensée au
moyen du rayonnement de la force d'esprit qui
s'étend comme des jets de lumière s'étendent
d'un point brillant dans toutes les directions.

C'est là une impulsion spirituelle et immatérielle, et pourtant, c'est une énergie attestée
par son action. Par elle, l'univers de la pensée
est relié et fait un, à l'aide l'Esprit Universel-
Plus il y a harmonie et accord dans la commu-
nauté, plus les effets produits sont grands. Et plus
la pensée spirituelle est en harmonie avec l'Esprit Divin, plus une semblable pensée est susceptible de s'étendre ; car alors, l'impulsion de
la pensée n'est pas en antagonisme avec l'esprit
universel, elle est comme emportée par une
vague dans toute sa pureté, peut-être même vers
quelque être bien-aimé de l'autre monde.

Chaque individu est donc un univers du centre
duquel la pensée émane, et dont la circonférence d'influence est inappréciable, en ce que
les effets de la pensée ne finissent jamais, mais
vont en avant et au-delà, pour toujours.

Suivant qu'elles sont sympathiques ou con-
traires, les pensées s'attirent ou se repoussent
respectivement. Si nous nous laissons aller à
des réflexions vicieuses, nous influençons les

autres de même : si nous nous plaisons dans la vue d'images sensuelles, nous attirons et groupons autour de nous des émanations malsaines et dégradantes d'esprits similaires. Au contraire, la contemplation pure et élevée de l'esprit, attire la sympathie et la force d'autres esprits purs animés de pensées semblables.

S'il existe donc un côté spirituel aussi bien qu'un côté matériel dans la force inhérente de la matière, le spirituel étant de même une possibilité, l'influence de l'esprit aussi bien que celle des énergies plus évidentes, doit entrer en ligne de compte comme étant un facteur dans tous les résultats qui s'unissent pour constituer la vie organique.

Les tendances, de quelque nature qu'elles soient, le caractère, l'impressionnabilité, l'excitabilité, les passions qui nous dominent, les émotions, les mœurs même et tous les phénomènes psychologiques entrent secrètement dans toutes les opérations mentales, comme résultats d'héritage ; comme le font aussi, l'instinct, l'intuition, les appréhensions indéfinies et les mouvements inconscients. On peut dire, qu'au point de vue des fonctions, la diversité d'arrangement des unités dernières de matière produit dans différents cerveaux, des ordres différents de résultantes. Ceci étant admis, il est également vrai que l'esprit ou les énergies de la vie ont exercé une grande influence en effectuant un ordre donné quelconque d'arrangement de ces unités, et par conséquent, en donnant lieu à une résultante quelconque. — Conséquemment, tandis que pour certaines tendances justes de l'esprit tout individu est largement responsable, pour d'autres, sa responsabilité est moindre, puisque sans en être la cause, il possède un certain degré de penchants vers des propensions ou des passions qu'il ne peut ni choisir ni éviter. Et, il se peut de plus, que privé de tous les avantages par suite de la pauvreté et de la misère, il n'ait jamais été capable d'acquérir la force de volonté ou le contrôle sur soi-même. On voit donc combien est importante l'éducation et quelle est la part de notre responsabilité envers les pauvres et les malheureux.

Nous sommes maintenant à même de comprendre, d'une manière un peu plus intelligente, la sympathie que nous devons avoir pour des animaux inférieurs. Remarquons tout d'abord que tout être organisé animé possède, dans son agrégation individuelle, un ordre de mouvement d'action particulier à son organisme. La vitalité entière est son expression et elle comprend toutes les opérations mentales et physiques. La persistance de cette vitalité perpétue l'identité de l'organisme. La sympathie est basée sur l'identité, la correspondance ou le parallélisme. Elle jaillit de ces choses qui préservent l'identité. L'animal dans son ensemble, et l'un des

membres d'une classe d'organismes semblables,
n'est qu'une unité vitale, ayant des ordres particuliers de mouvement, de même qu'une molécule organisée, un germe organique d'une certaine espèce et grandeur. Il y a, par conséquent,
un synchronisme de mouvement et d'action dans
les unités vitales d'un assemblage de même
espèce. Ce synchronisme signifie unisson,
accord, harmonie d'association, conformité dans
l'action et dans les tendances. Et naturellement,
il embrasse tout ce qui existe dans le rapport
physique, aussi bien que la ressemblance dans
l'élément spirituel.

Dans une certaine mesure, une espèce quelconque des ordres inférieurs de la vie animale,
aussi bien que l'homme, peut impressionner la
masse, en s'identifiant avec l'organisme de son
semblable. Car dans la force primitive agrégée
et la force vitale d'un système animal, l'énergie
communiquée ou modifiée d'une autre agrégation semblable, en d'autres termes, l'échange
d'énergie peut être comparé à un échange semblable d'énergie et de force primitive entre deux
molécules. L'énergie de l'une est empreinte de la
similitude de l'énergie de l'autre. Naturellement,
avec cette différence que l'échange entre les
organismes implique l'esprit ou la qualité de
vie. Les animaux de même espèce s'assemblent
non parce que chacun retrouve dans son semblable la contre-partie de soi-même, en forme

extérieure et en apparence, mais parce que
l'instinct spirituel de l'un est pénétré de sympathie d'une force spirituelle semblable ou d'instinct pour l'autre, et cet élément joint à celui
des tendances et des désirs analogues, maintient l'union parmi tous.

Examinons maintenant quelques-uns des corollaires généraux compris dans les conclusions
précédentes. L'évolution de la vie a progressé
suivant les périodes terrestres et a d'époque
en époque, avancé ou rétrogradé, selon l'influence des forces de vie provenant de conditions
extérieures. La tendance générale, cependant,
a toujours été dans le sens des formes de vie
plus élevées et plus parfaites, jusqu'à ce qu'enfin on soit arrivé à l'homme. Toutefois, nous
n'avons aucune raison de croire que l'homme
actuel soit la limite de la perfection. L'embryon de l'enfant-homme a hérité des formes
organiques moins parfaites en force spirituelle ;
et celles-ci à leur tour, d'une vie encore moins
avancée et ainsi en rétrogradant jusqu'à ce que
la forme animale s'élève de la forme de plante.
Il s'ensuit que si l'homme est doué de vie spirituelle, tous les organismes en sont doués de
même. Comme cet esprit est une étincelle de
l'Esprit Universel, toute vie spirituelle persiste
et aucune vie ne périt. La matière, par un lent
développement dans le sein fertile de la nature,
marche à tâtons, sûrement et avec fermeté, vers

la forme organique ; — groupement d'énergies de vie. Puis, vers des groupements plus élevés, plus forts. Puis enfin, jusqu'à l'homme. Dans chaque forme l'élément spirituel se trouve. Le pouvoir spirituel est donc un héritage. Il peut, par l'éducation, se développer en grandes possibilités, ou se rapétisser et s'étioler par des croissances anormales. « L'intelligence est resserrée dans une sphère étroite et l'esprit s'élève vers les espaces qui lui sont destinés ». L'esprit donc est doué d'origine, de croissance ou d'extension et de maturité, autant que l'organisme l'admet. Il hérite, en grande partie, son organisation, sa limitation et son caractère du corps physique, et on peut dire que le progrès et le développement spirituels sont le produit épuré de l'organisme, d'autant plus que celui-ci est le centre de vie et d'esprit. « Il en résulte donc que l'homme a deux organismes, celui qui tombe sous la connaissance des sens et celui qui est l'esprit de vie invisible. »

La vie du cerveau est le siège organique de la croissance de l'activité de l'esprit. Dans un degré inférieur, il y a des qualités semblables dans la vie des nerfs et de ses affluents, car la vie ou la qualité de l'esprit dépend du degré de l'organisation. On peut déduire de là, l'explication de l'habitude des nerfs ; comme dans tous les travaux mécaniques tels que l'étude du piano ou toute action réflexe ; l'insistance de la mémoire

des nerfs, comme quand la vie des nerfs privée
de tout exercice fonctionnel, réveille un souve-
nir irritant, équivalent à la mémoire. Or, la diffusion des nerfs est si multiple et si menue
qu'aucun point du corps extérieur ou intérieur
n'est sans ramifications nerveuses et que la
pointe d'une aiguille mise à un endroit quelconque pourrait les transpercer. Si donc, le corps
physique était dépouillé de tissu, de sang et du
squelette osseux, il ne resterait plus qu'une espèce
de fantôme, le double de l'homme. Mais c'est là
le réservoir de la vie ou de la force spirituelle.
C'est le mannequin spirituel aussi bien que les
canaux de la force spirituelle. Et s'il nous était
permis de voir le contour de l'esprit, il aurait
nécessairement cette forme de vie et cette apparence.

Le dernier sommaire de notre proposition est
que la vie ou la qualité spirituelle de la force
inhérente de la matière est une diffusion de l'Esprit Universel qui est, comme le soleil, répandu
partout. La matière est guidée dans ses inclinations par cette tendance de l'esprit, vers la
structure organique et vers la manifestation de
la vie, la sensation, la connaissance de soi-
même et l'intelligence. L'esprit est partout et
l'atome matériel doit à jamais se mouvoir dans
une atmosphère spirituelle ; ainsi que des particules de fer dans un champ magnétique, il est
perpétuellement baigné dans une diffusion de

force d'une espèce particulière. Plus la matière
revêt des formes de vie organiques élevées, plus
la force spirituelle est manifeste. Les tendances
spirituelles et ses pouvoirs acquièrent plus de
force, des propensités et de la passion, non seulement dans les ordres de vie, mais chez les
individus d'un ordre quelconque, elles sont plus
subordonnées à cette force spirituelle. Celle-ci
pénètre dans toute la force de la vie de toutes
les formes organiques et en est une qualité.
L'esprit d'une organisation inférieure est moindre que celui d'un organisme plus élevé; et il
monte l'échelle par gradation, jusqu'à l'homme.
Il est de plus en plus développé et dominant et
il est doué d'un pouvoir plus indépendant. Enfin,
plus l'organisme est grossier et sensuel, plus il
est animal, moins il est intellectuel ; plus il est
matériel moins il est spirituel.

CHAPITRE VIII

La religion de la science est la religion de Dieu.

Quelle idée de l'Esprit suprême acquiert-on, du point de vue de la force et de la matière, — dégagé des préjugés d'une éducation antérieure et des suggestions des religions du jour?

Des lois de sa grande agrégation; de la division de la matière en éléments; des grands cycles de changements à travers lesquels elle passe, nous arrivons comme nous l'avons vu, à l'évidence d'un Esprit Suprême qui gouverne.

Des phénomènes de la vie organique, de la sensibilité, de la conscience et de l'intelligence, nous passons à l'idée que notre propre être possède, à un certain degré, l'essence spirituelle de la nature Divine transmise par les opérations de la vie organique. Telle est toute la logique de la religion naturelle.

L'Être Suprême se conçoit de deux manières : La première, c'est le pouvoir absolu et l'impersonnalité. La seconde, est celle d'un esprit sympathique, qui est près de nous et nous aime. Telles sont les conceptions que tout être humain bien pensant, qu'il en soit conscient ou non, a de l'existence Divine ; qu'il se soit courbé sous la doctrine religieuse actuelle ou qu'il ait franchi les hauteurs escarpées et rugueuses de la science jusqu'à la connaissance de Dieu. L'une est celle d'un Être Absolu en pouvoir et en qualités, Tout-Puissant, remplissant tout l'espace et existant de toute éternité.

Pour autant que cette absence complète de rapport d'idées peut être nommée une conception, c'est une association dans l'intelligence, d'un esprit omniprésent suprême d'Intelligence, avec le temps, l'espace, la matière et la force sans bornes et leur loi invariable d'action. Nous avons la conception d'une étendue impénétrable d'Être Spirituel, si fort au-delà et au-dessus de nous que tout ce que nous pouvons en comprendre, n'est rien de plus que mystérieux et saisissant.

La seconde conception est plus réelle, parce qu'elle est plus compréhensible ; elle est concrète dans sa nature, c'est une connaissance de qualités appliquées au sujet. Nous entendons par là, un rapprochement divin d'un esprit paternel sympathique, qui n'est pas absorbé comme dans la première conception panthéiste. Nous admettons que Dieu dirige et contrôle tout dans la nature et l'univers visible ; qu'il est l'origine de l'ordre, de la régularité et de la beauté ; et en même temps l'Être qui nous a donné la vie et l'intelligence. Sous ce point de vue, l'Esprit

Suprême est associé à la forme de vie la plus humble. La petite fleur qui lutte dans le désert et dont la tige faible et élancée s'élève dans l'air, a autant de titres à la sympathie que la personnalité humaine la plus élevée. Nous nous rappelons que le pouvoir de la vie et de l'esprit de chacun a la même origine ; qu'Il a dirigé toutes les œuvres de la nature, les plus petites aussi bien que les plus grandes et y a contribué. Nous sentons qu'Il est en harmonie intime avec toutes choses ; et que le sage et l'humble, le riche et le misérable, tous sont considérés égaux dans ses plans. Et quoique nous constations partout la loi de pensée et d'action, nous sommes pénétrés par un sentiment intérieur de la proximité de Son Esprit, et nous savons que nos idées les plus pures et les meilleures trouvent de l'écho dans Sa Spiritualité.

Dans nos rapports avec nos semblables, nous avons le sens de la justice, de la considération, de la sympathie, de la pitié et de l'amour ; et comme nous nous souvenons que notre vie et notre esprit se sont développés à l'ombre de son Être, nous Lui attribuons des attributs semblables, mais plus parfaits. Nous sommes convaincus qu'Il a empreint quelques-unes des qualités de son propre esprit dans la vie qu'Il a donnée à la force inhérente de la matière, dans un but déterminé ; et que nous sommes une manifestation de ce dessein.

C'est cette seconde conception de Dieu qui nous communique l'idée de sa proximité et de nos rapports directs avec Lui, mais sans qu'elle implique en rien l'idée de l'intervention divine ou de médiation spéciale. Mais le savant mo derne le plus éclairé comprend et nécessairement enseigne l'obligation de la pureté de vie ; d'une conduite intègre ; l'obéissance aux exigences les plus nobles de la Divine loi, l'amour de l'homme et de Dieu ; et la plus intime sympathie avec Son Esprit, comme il se manifeste dans les phénomènes admirables connus dans leur ensemble sous le nom de nature ; — et dans ceux qualifiés de religion révélée. Tous les deux indiquent la même fin, le même but, ainsi que l'identité d'effort : — c'est-à-dire, l'élévation de l'homme et l'amour de Dieu. D'où *il résulte que la religion de la science est la religion de Dieu.*

Si nous laissons de côté, pour le moment les considérations de religion révélée, nous constatons que des jugements affectant un caractère Divin, ont été jusqu'à un certain point, en tout temps et chez tous les peuples, le reflet des lumières contemporaines ou de l'ignorance, et que ces opinions ont été ou élevées trop haut ou avilies. Nous remarquons que le développement de la pensée religieuse et de la littérature n'a pas été toujours continu ; que tantôt il a avancé et tantôt rétrogradé ; mais modifié tou-

jours par l'influence locale du climat, souvent
aussi par les cérémonies et les chants sacrés ;
d'autres fois subissant l'ascendant des ressour-
ces du pays et du sol, soit spontanées ou déve-
loppées. On ne peut non plus affirmer, en aucune
manière, que la religion d'un peuple à une époque quelconque, ait été l'expression de la plus
haute pensée dont il était susceptible, ou même
qu'elle fût le mieux adaptée à sa condition, mais
bien qu'elle a toujours agi, soit pour le progrès
ou le recul, comme une force dépendant de
l'état général du peuple.

Pourtant, malgré cela, grâce à la lumière des
vérités scientifiques et matérielles, aux connaissances générales actuelles secondées par une
spiritualité privilégiée de l'être, les hommes sont
arrivés à des périodes diverses de l'histoire de
la terre, non seulement à des conceptions élevées d'un Être Spirituel Suprême, mais de la
morale la plus pure; et ont atteint une grande
élévation personnelle de caractère et la pratique
de la vertu la plus stricte. Ils ont conçu un Dieu
capable d'incorporer en une forme parfaite, toutes
les qualités dont nous revêtons aujourd'hui sa
nature, comme la bonté, la puissance, la sagesse,
la grâce, la justice, la beauté, la souveraineté
et l'amour. La philosophie de leurs temps a été
pure et noble et leurs enseignements ressemblent
de près à ceux du christianisme moderne.

Nous répétons donc que la vraie religion et la

vraie science ont une pensée commune et un
but commun ; c'est-à-dire, le bien le plus complet de l'humanité. L'une et l'autre devraient
travailler en harmonie et de concert, — car la
vraie science conduit à une vaste compréhension de Dieu, et met l'homme dans des rapports
plus intimes, avec son Esprit, au moyen de la
nature. *La science arrive à l'idée et à la conviction d'un Esprit Suprême. La religion de la
Science et la religion de Dieu* ; et ne diffère pas
de celle de la révélation dans sa pureté et sa
pratique. L'aspiration vers toute pensée noble
est un progrès mutuel et un avancement vers
des conditions de vie plus élevées et meilleures.
De même que l'élévation de l'homme est le but
reconnu par l'instruction religieuse et par toutes
les religions, de même l'objet manifeste de toute
science et de tous les systèmes de philosophie,
est l'amélioration de la vie présente, unie à l'espoir d'une vie future plus idéale.

Tout concourt à l'accomplissement d'une seule
œuvre, et tout est ainsi l'expression vraie des
conceptions et de la confiance de l'homme. Les
seuls faits absolus que la Science puisse présenter sont des faits et des lois de phénomènes.
Quand elle déduit des conséquences des causes
premières ou dernières, ses données sont exactement les mêmes que celles d'une forme quelconque de religion agissant de même. Il y a
dans les deux cas les mêmes possibilités et les

mêmes probabilités. Drummond, l'auteur de
« *La Loi naturelle dans le monde spirituel* » a
dit : « Toutes les vérités religieuses peuvent
être mises en doute. Il n'existe de preuve absolue d'aucune. Nul homme n'est capable de prouver par la raison, la vérité fondamentale, l'existence de Dieu. La preuve religieuse commune
de l'existence de Dieu implique ou une hypothèse, ou un argument dans un cercle ; ou une
contradiction. L'esprit ne peut acquérir une
entière satisfaction pour un quelconque des
grands problèmes ; et si l'on cherche à sonder
l'argument, on n'y trouve pas de fond.

Toute religion est issue de la littérature et de
la pensée de l'époque, — du progrès. Dans le
lointain passé, il a soufflé parmi les nations
païennes un faible courant de religion, et de
temps à autre, par intervalles, des hommes
entraînés par la vague, en ont été les interprêtes.
Les livres historiques dérivent de faits, les livres
de dévotions viennent de l'expérience ; les let-
tres sont issues des circonstances ; et les évan-
giles émanent de tous les trois. Telle est l'origine de la Bible. Elle a pris naissance dans la
religion ; mais la religion n'est pas venue de la
Bible. »

Il est oiseux de soulever un conflit entre la
religion et la science. Si la science a emprunté
sa suprématie morale aux grandes vérités universelles, aux époques du développement des

idées d'utilité et de bienveillance, dans les luttes de l'humanité, de même la religion a emprunté et s'est modifiée beaucoup, et elle a acquis beaucoup par le secours des vérités de la science.

« La religion n'est pas l'acceptation ou le rejet des dogmes ; c'est une manière d'être, de se conduire ». Si la science, dans sa découverte de la vérité, a fait allusion à un Esprit Suprême unique, aucune religion ne peut faire davantage. L'église et les croyances, et la religion ne sont pas les mêmes choses. L'idée élémentale de toute religion a son expression la plus vraie dans le langage de cet esprit sublime et aimant qui parla comme aucun homme n'a jamais parlé, quand il a dit : « Tu aimeras le Seigneur ton Dieu, de tout ton cœur, de toute ton âme et de tout ton esprit. Tu aimeras ton prochain comme toi-même ».

Les croyances et les dogmes ont été fabriqués. Elles sont l'œuvre de l'homme, pure et simple. Elles dérivent de l'organisation, et du désir, pour la force, le pouvoir et la grandeur. Toutes les grandes religions, sans aucun doute, ont les mêmes intentions ; l'amour de l'homme et de Dieu — son adoration et son culte. — Mais elles prescrivent beaucoup plus de choses encore. — Chaque forme de croyance, suivant les hommes, doit posséder de la compacité, de l'unité, et de l'harmonie d'action. De cette idée ont surgi des formes données, des doctrines, des cérémonies, des jours de jeûne et de fête ; tous plus ou moins prétentieux et exigeants. Ce sont là des additions inventées pour le grand principe fondamental énoncé ci-dessus, semblables d'ailleurs au but que se propose la science et toutes les formes de religion, en général. Le cœur et les pensées de l'homme ; la pureté, l'amour, le désintéressement ; les simples enseignements du sermon plein d'amour du Christ sur le mont des Oliviers ; l'homme se courbant dans le silence de la solitude sous la suprématie de Dieu ; tout est dans tout.

Tous les hommes intelligents, à toutes les époques, ont eu une religion ; et toutes les religions conformes au degré d'avancement des temps ont été utiles. Tout individu, matérialiste ou athée, ou autre, a une religion ; — c'est-à-dire, un ordre dominant de pensée ou de principes ; une règle de conduite qui est pour lui un guide, un contrôle plus intime, plus en harmonie avec sa personnalité qu'aucun autre système de pensée. Ce tâtonnement universel, cette inconsciente aspiration vers l'ordonnateur suprême des choses n'est-ce point un indice certain qu'il se trouve dans la profondeur de la nature de tous, inconnue et dont on ne peut se rendre compte, une sympathie naturelle impénétrable, mais réelle avec cette vie et cet Esprit Universel que nous nommons Dieu ? « Il se peut que nos facultés finies et faillibles soient impuissantes pour nous permettre d'espérer de comprendre Dieu ; pourtant, la science est capable de nous guider vers une conception plus élevée et plus rationnelle de sa nature vraie. Elle peut nous aider à trouver la vérité à la foi dans l'idée théiste et panthéiste, et par suite concilier ce qui de prime abord nous paraît être en antagonisme. »

Les grandes religions de la terre secondées par les lumières du progrès qui avance d'un pas assuré, se sont constamment rapprochées entre elles ainsi que des faits et découvertes scientifiques. Toute la tendance naturelle des idées est vers des vues plus larges de l'humanité et d'un Être Suprême ; plus charitables, plus douces, plus libérales pour l'homme ; plus stables, plus universelles et plus rationnelles pour la grande Paternité de Dieu. Cependant, leur union doit être plus intime encore, jusqu'à ce que toutes soient confondues, non seulement dans la croyance commune d'un Père plein d'amour, mais dans celle de la fraternité et de la parenté de l'homme, comme étant issue de l'Esprit Universel ; en un seul espoir de progrès universel, en la foi d'une vie spirituelle future et dans l'acceptation de la loi appliquée à notre monde et à notre vie matérielle, aussi bien qu'à l'espérance de l'existence continue.

La science a resserré les bornes de ses recher-

ches quant à l'origine et à l'évolution de la vie.
Il y a dans l'infiniment petit, de même que dans
l'au-delà, une limite qu'elle ne peut franchir.
Dans le futur comme dans le passé, où toutes
les connaissances et les découvertes sont comprises, on trouve l'impénétrable et l'insondable.

De loin en loin, ont apparu, à certaines époques quoique n'en provenant pas, de grandes
personnalités dont les enseignements, ou les
œuvres n'embrassent pas seulement tout ce qui
a évolué jusqu'à cette époque, mais dont les
idées et les desseins nous conduisent à des
périodes plus avancées reliées à un futur lointain ; paraissant toujours s'unir à une période,
jusqu'à ce qu'une nouvelle incarnation illustre
surgisse pour reprendre la pensée et l'œuvre de
son prédécesseur et les continuer dans des siècles sans fin. De tels êtres, dans l'un et l'autre
sexe, sont rares, mais leur influence est immense
et nous les nommons génies. Ils sont les représentants de toutes les branches du progrès : la
religion, la guerre, la mécanique, la musique,
la sculpture, la peinture, l'architecture, l'invention et la science. Leur ensemble est le produit
des influences spirituelles et organiques de l'époque. Pour que de tels prodiges d'humanité puissent apparaître, deux sortes d'influences doivent
agir de concert, viz: la sympathie spirituelle de
l'époque et l'harmonieux accord de la vie de
l'organisme, avec son milieu. La sympathie spi-

rituelle fait naître de l'union de la pensée de
l'époque, ses besoins, ses désirs, ses espéran-
ces, ses aspirations. L'harmonie de la vie est à
l'unisson avec elle ; et elles concourent pour
produire de grandes naissances. Des effluves
morales et religieuses dominent les vastes aires
de l'intelligence des peuples, et ont donné lieu
à des merveilles de vie mentale et spirituelle ;
— on a vu des hommes et des femmes dont les
émotions spirituelles se sont élevées en étroite
sympathie avec l'Esprit Universel. « Des personnalités si fort en avance sur la grande majo-
rité que leurs conceptions les plus grandes ne
peuvent se traduire, parce que les pensées sym-
boliques de la langue ne peuvent expliquer les
conditions spirituelles de ce petit nombre d'êtres
élus appelés à servir comme d'avant-garde aux
générations futures. Ils ont l'apparence extérieure du type humain, mais avant que la dernière trace de la maladie mentale et physique,
transmise par la loi de l'hérédité, ne soit oblité-
rée dans l'homme, ils doivent vivre dans notre
intimité — et dans l'obscurité, parce qu'ils sont
nés, (spirituellement,) avant leur temps ». De
tels êtres sont sous tous les rapports inspirés.
Au-delà des sources connues, « il nous est
impossible de découvrir d'où ils émanent et
comment ils ont acquis leur pouvoir. Il n'y a
pas d'explication à leur vie. Ils sortent de l'ombre et s'évanouissent dans la brume. Nous les

voyons, nous les sentons, mais nous ne les
connaissons pas. Ils ont apparu, ils ont rempli
leur mission, revêtus du manteau sacré de
Dieu ; et ils ont disparu, laissant derrière eux
une mémoire, moitié mortelle, moitié mystique.
Du premier jusqu'au dernier ce sont des créa-
tions qui confondent l'esprit de l'homme ».
Mozoomdar, le grand chef du Brahmo-Somaj
dans l'Inde a dit: « Toutes les impulsions et les
ardents désirs vers la vie morale ou spirituelle
deviennent des réalités démontrées dans ces
êtres supérieurs. L'esprit de Dieu qui sommeille
dans nos cœurs, s'allume en eux en une sorte
de lumière surnaturelle. Elle éclaire notre voie
dans le passé et le futur. Ces êtres deviennent
des hommes divins. La foule se prosterne devant
eux et leur voue un culte, comme à des dieux.
La sagesse de la Grèce s'est incarnée en Socrate ;
le stoïcisme de Rome, en Sénèque ; l'ascétisme
et la conquête de soi-même en Sakaya-Mouni ;
les connaissances approfondies en Krisna ; le
sens intime du devoir des chinois, en Confucius ;
l'énergie de la foi des Arabes, en Mahomet. Chacun d'eux représente un principe d'humanité,
chacun est une phase de la raison Divine ; chacun est un principe spirituel personnifié ». Dieu
n'a pas laissé son œuvre sans témoignage, sans
représentants. Ceux-là sont les meilleurs de la
terre, êtres envoyés avec la double qualité de
représenter Dieu et l'homme ; — humains dans

le sens le plus élevé et le plus divin, et divin
dans le sens le plus intelligible. Chacune de ces
nobles personnalités appartient à son époque,
chacune en représente la pensée la plus belle,
l'aspiration la plus idéale, la nécessité de la
transformation, et chacune d'elles est l'incorpo-
ration de la vertu. — Le plus grand de tous,
celui qui domine tous les autres, qui est au-
dessus de toute critique et de l'imagination, ce
fut J.-Christ. L'amour prédominant pour l'homme
et pour Dieu, l'abnégation absolue de lui-même,
la perfection en pensée et en action, durant toute
sa vie, tels furent ses attributs. Il était sans
peur, juste et patient et doué d'une douceur
d'esprit qui n'appartient qu'à Dieu. Il était
l'exemple vivant des attributs divins, pour autant
qu'ils peuvent être personnifiés dans la nature
humaine, et sans le Christ, ils seraient restés des
idéalités abstraites. Le reflet de tout son Etre
se trouve dans le sublime et pur sermon sur le
mont des Oliviers, embrassant tout ce que ren-
ferme la morale, tout ce qu'implique la religion.
Jamais de plus nobles paroles ne furent pronon-
cées, jamais des pensées plus sublimes, plus
pures ne furent exprimées. Pour la première fois
dans l'histoire du monde, il enseigna que la
religion de Dieu est une religion d'amour.

Il reste un autre sujet de même nature qui
s'est manifesté sous la désignation de religion
de phénomènes. L'attention universelle en a été

frappée, et depuis cinquante ans, il s'est établi
un courant d'idées chez tous les peuples civili-
sés, qu'il est impossible d'ignorer. Compris
sous le terme général de Spiritualisme, cette
doctrine a soulevé un tel degré d'enthousiasme
et d'intérêt parmi ses adeptes, qu'elle a fait
naître contre elle une hostilité ardente et une
amertume profonde de sentiments. D'une part,
des millions d'hommes et de femmes luttent
avec sincérité pour défendre la pureté de ses
principes et l'authenticité de ses merveilles.
D'autre part, se trouvent les hommes de science,
le monde élégant et léger ; l'intolérance des
formes de religion reconnues. — Ses croyants
sont sans organisation, sans chefs et sans unité
d'action ; les phénomènes attestés ne sont pas
classés ; et l'honnêteté n'est pas toujours garantie. Victime des charlatans, trompés par le
mensonge et la fraude des prétendants, nourris
par des parasites dont le seul but est le gain,
cette doctrine a été d'une manière injuste et
malveillante exposée au ridicule et au mépris.
Les plus empressés à adopter cette forme de
croyance ont été les plus humbles et les plus
ignorants, ne possédant pas les avantages de
l'instruction pour juger sainement, et obéissant
plutôt à leur vif désir de constater les phénomènes, soit pour raffermir leur foi chancelante
ou satisfaire une grande curiosité. Examinés
à la lueur de la froide raison, on trouve que

ces phénomènes relèvent de la force psychique, accompagnée ou dirigée par des manifestations de pensées peu ordinaires et surprenantes. Et nous constatons que sa philosophie est ce que la religion la plus libérale enseig-
gne : l'amour de Dieu et de l'humanité ; qu'il
n'existe pas de route royale conduisant au ciel ;
que l'abnégation de soi-même, la pureté de conduite et de pensée sont les modèles à suivre et
avec le secours desquels tous progressent dans
ce monde et dans l'autre. Nul doute que le spiritualisme n'ait rendu de grands services, sous
bien des rapports. La science se doit à elle-même
et au genre humain l'investigation de tous les
phénomènes qui s'y rattachent. Si la science est
destinée à être le guide de la pensée, elle doit
l'être aussi pour toutes les formes physiques et
psychiques.

Ces phénomènes sont en dehors de ceux que
la nature nous présente ordinairement, ils sont
certifiés par des témoignages absolument dignes
de foi. Assurément, si rien n'est trop élevé pour
l'investigation scientifique, rien ne peut être
trop humble.

Aider ceux qui sont incapables d'investiguer
par eux-mêmes, tel doit être son but. S'il
y a des vérités, qu'elles soient classées et
ajoutées à la liste des connaissances scientifiques. S'il y a des illusions ou de lâches
tromperies ou des phénomènes liés à des lois

déjà connues, que la nature en soit établie. La vérité seule peut rendre l'homme libre. Peut-être y a-t-il encore des vérités spirituelles plus belles non dévoilées et attendant l'heure d'être produites au jour. Tout ce qui peut être ajouté aux faits psychiques sont des anneaux liant ensemble la vie organique et la spiritualité individuelle à l'Esprit Infini et Universel.

« Cet astre universel, sans déclin, sans aurore,
« C'est Dieu, c'est ce grand Tout qui soi-même s'adore !
« Il est ; tout est en Lui ; l'immensité, les temps,
« De son Être Infini sont les purs éléments.
« L'espace est son séjour, l'éternité son âge ;
« Le jour est son regard, le monde est son image ;
« Tout l'univers subsiste à l'ombre de sa main ;
« L'être à flots éternels découlant de son sein,
« Comme un fleuve nourri par cette source immense,
« S'en échappe et revient finir où tout commence !

FIN.

MAYENNE, IMPRIMERIE CH. COLIN

Mayenne, Imprimerie Ch. Colin.

www.ingramcontent.com/pod-product-compliance
Lightning Source LLC
Chambersburg PA
CBHW062223270326

41930CB00009B/1840